दैनिक कानून का परिचय

शिव प्रसाद बोस

प्रकाशक: जॉय बोस

विषयसूची

लेखक के बारे में

शिव प्रसाद बोस की अन्य पुस्तकें

प्रस्तावना

भारत में बहुत से लोग उन कानूनों से परिचित नहीं हैं जो उन्हें दैनिक आधार पर प्रभावित करते हैं। कानूनों के बारे में अपनी जानकारी बढ़ाने से उन्हें काफी फायदा होगा।

यह पुस्तक जीवन के विभिन्न क्षेत्रों जैसे यातायात जुर्माना, अनुबंध, विवाह, संपत्ति और इसी तरह के रोजमर्रा के कानूनों से लोगों की परिचितता बढ़ाने के उद्देश्य से लिखी गई है।

यह आशा की जाती है कि यह भारत में कई लोगों को कानून के कामकाज से परिचित कराएगा ताकि वे अपने सर्वोत्तम हित में इसका लाभ उठा सकें।

अध्याय 1: दैनिक कानून क्या है?

दैनिक कानून रोजमर्रा का कानून है। यह वह कानून है जो 'सड़क पर' लोगों पर लागू होता है। हम में से लाखों लोग दैनिक आधार पर कानून से प्रभावित होते हैं, लेकिन लागू भारतीय कानूनों से अनजान हैं और इसलिए जब हमें इसकी सुरक्षा की आवश्यकता होती है तो हम इसका लाभ नहीं उठा सकते हैं। उदाहरण के लिए यदि हमें मनमाने ढंग से और अनुचित तरीके से हमारी नौकरी से बर्खास्त कर दिया जाता है, तो हमें इस बात की जानकारी नहीं हो सकती है कि ऐसे श्रम कानून हैं जिनके आधार पर हमें अनुचित बर्खास्तगी से बचाया जा सकता है। इसलिए हम सभी के लिए यह जानना जरूरी है कि कानून हमें कैसे प्रभावित करता है।

1.1 कानून क्या है?

"कानून क्या है" प्रश्न पर कई वर्षों से लोगों द्वारा बहस की जाती रही है। अध्ययन का एक संपूर्ण सक्रिय क्षेत्र जिसे "न्यायशास्त्र" (कानून और कानूनी दर्शन का अध्ययन) के रूप में जाना जाता है, इस प्रश्न का उत्तर देने के लिए समर्पित है। कानून की कई परिभाषाएं मौजूद हैं।

कानूनों को सरकार द्वारा बनाए और लागू किए गए नियमों और विनियमों के रूप में परिभाषित किया जा सकता है, जो एक समाज के भीतर लोगों के आचरण को नियंत्रित करते हैं।

सरकार द्वारा बनाए और लागू किए गए नियमों को कानून कहा जाता है। सरकार ऐसे कानून बनाती है जो दैनिक जीवन के लगभग हर पहलू को प्रभावित करते हैं।

हर समाज जो कभी अस्तित्व में रहा है, उसने कानूनों की आवश्यकता को पहचाना है। ये कानून भले ही अलिखित रहे हों, लेकिन प्राचीन और मध्यकालीन भारत जैसे पूर्व-औद्योगिक समाजों में भी लोगों के आचरण को विनियमित करने के नियम थे। कानूनों के बिना, भ्रम और अव्यवस्था होगी। सरकार की एक लोकतांत्रिक प्रणाली तब तक प्रभावी ढंग से कार्य नहीं कर सकती जब तक उसके कानूनों का सम्मान नहीं किया जाता। दूसरे शब्दों में, समाज को "कानून के शासन" पर आधारित होना चाहिए। इसका मतलब है कि समाज के सभी सदस्यों को कानून का पालन करना चाहिए और यह सभी पर समान रूप से लागू होना चाहिए।

1.2 सड़क कानून और रोजमर्रा का कानून

कानून आम तौर पर समाज के मूल्यों को दर्शाते हैं और बढ़ावा देते हैं। हमारी कानूनी व्यवस्था हमारे समाज के सही और गलत के पारंपरिक विचारों से प्रभावित है। उदाहरण के लिए, हत्या के खिलाफ कानून नैतिक विश्वास को दर्शाते हैं कि किसी अन्य व्यक्ति की हत्या करना गलत है।

स्ट्रीट कानून या दैनिक कानून वह कानून है जो रोजमर्रा की जिंदगी में व्यावहारिक उपयोग में आया है। खरीदारी (अनुबंध कानून), विवाह और तलाक (विवाह कानून जैसे हिंदू विवाह अधिनियम या विशेष विवाह अधिनियम), अपराध (आपराधिक कानून) या यातायात उल्लंघन जैसी दैनिक गतिविधियां नागरिकों को कानून का सामना करती हैं। सभी को कानूनी मुद्दों की समझ और विश्लेषण, मूल्यांकन और उसी स्थिति में कानूनी विवादों को हल करने की क्षमता होनी चाहिए।

स्ट्रीट कानून आपराधिक न्याय, टोर्ट्स, उपभोक्ता कानून, परिवार कानून आदि के क्षेत्रों में सामान्य समस्याओं का समाधान करता है। यह हमें यह सीखने में मदद करता है कि अगर हम अपराध का शिकार हो जाते हैं तो क्या करना चाहिए, वकील का चयन कब और कैसे करना है, माता-पिता और बच्चों के कानूनी अधिकार और जिम्मेदारियां, हमारे समुदाय में

बदलाव की वकालत कैसे करें, बिना किसी के पास जाए समस्याओं का समाधान कैसे करें, अदालत और हमारे संवैधानिक अधिकारों के भेदभाव और अन्य उल्लंघनों के बारे में क्या करना है। ऐसे कानूनों का ज्ञान हमें बुनियादी मानवाधिकारों और स्वतंत्रताओं के प्रति प्रतिबद्ध बेहतर और अधिक सक्रिय नागरिक बनने में मदद कर सकता है।

हम नागरिक हमारी कानूनी प्रणाली से कई लक्ष्यों को प्राप्त करने की अपेक्षा करते हैं जिनमें शामिल हैं: बुनियादी मानवाधिकारों को बढ़ावा देना, निष्पक्षता को बढ़ावा देना, संघर्ष को सुलझाने में मदद करना, व्यवस्था और स्थिरता को बढ़ावा देना, वांछनीय सामाजिक और आर्थिक व्यवहार को बढ़ावा देना आदि।

1.3 भारत के सर्वोच्च न्यायालय में कानून बनाना

सर्वोच्च न्यायालय द्वारा घोषित कानून भारत के क्षेत्र में सभी अदालतों पर बाध्यकारी होगा [भारतीय संविधान का अनुच्छेद 141]।

सर्वोच्च न्यायालय के निर्णयों की बाध्यकारी शक्ति: भारत में सभी न्यायालय सर्वोच्च न्यायालय के निर्णयों का पालन करने के लिए बाध्य हैं।

भारत के सर्वोच्च न्यायालय द्वारा निर्धारित कानून सभी निचली अदालतों और न्यायाधिकरणों पर बाध्यकारी है [AIR 1995 SC 1349]। जहां सर्वोच्च न्यायालय ने कहा है कि किसी विशेष मामले में निर्धारित कानून लागू कानून है, उच्च न्यायालय किसी भी परस्पर विरोधी निर्णय पर विचार या भरोसा नहीं कर सकता है। जहां सर्वोच्च न्यायालय किसी अन्य मामले में घोषित कानून का खंडन करता है, कानून को खारिज कर दिया जाता है [1998 8 SCC 275]।

सर्वोच्च न्यायालय द्वारा निर्धारित कानून का सामान्य सिद्धांत प्रत्येक व्यक्ति पर लागू होता है, जिसमें वे भी शामिल हैं जो आदेश के पक्षकार नहीं थे [1996 11 एससीसी 261]। बदलती परिस्थितियों में समय-समय पर अपनी

नीति बदलने के राज्य के अधिकार पर सवाल नहीं उठाया जा सकता है, हालांकि यह सर्वोच्च न्यायालय की न्यायिक घोषणाओं से विचलित हो सकता है [AIR 1998 SC 1703]। संसद कानून द्वारा सर्वोच्च न्यायालय को निर्देश जारी करने की शक्ति प्रदान कर सकती है।

इस पुस्तक के निम्नलिखित अध्यायों में, हम यह दिखाएंगे कि भारत के नागरिक के रूप में हमारे दैनिक जीवन के विभिन्न पहलुओं पर कानून कैसे लागू होते हैं।

अध्याय 2: अगर मेरे प्रियजन की हाल ही में मृत्यु हो गई है और मुझे उनकी वसीयत में संपत्ति छोड़ दी गई है तो क्या: विरासत कानून

इस अध्याय में, हम विरासत कानून के बारे में चर्चा करते हैं। यह तब लागू होता है जब परिवार के किसी प्रिय सदस्य की हाल ही में मृत्यु हो गई हो और हमें उनकी वसीयत में कुछ संपत्ति छोड़ दी गई हो।

THE INDIAN SUCCESSION ACT, 1925

ACT NO. 39 OF 1925[1]

[30*th September*, 1925.]

An Act to consolidate the law applicable to intestate and testamentary succession [2]***.

WHEREASit is expedient to consolidate the law applicable to intestate and testamentary succession [2]***. It is hereby enacted as follows:—

PART I

PRELIMINARY

1. Short title.—This Act may be called the Indian Succession Act, 1925.

2. Definitions.—In this Act, unless there is anything repugnant in the subject or context,—

(*a*) "administrator" means a person appointed by competent authority to administer the estate of a deceased person when there is no executor;

(*b*) "codicil" means an instrument made in relation to a Will, and explaining, altering or adding to its dispositions, and shall be deemed to form part of the Will;

[3][(*bb*) "District Judge" means the Judge of a Principal Civil Court of original jurisdiction;]

(*c*) "executor" means a person to whom the execution of the last Will of a deceased person is, by the testator's appointment, confided;

[4][(*cc*) "India" means the territory of India excluding the State of Jammu and Kashmir;]

(*d*) "Indian Christian" means a native of India who is, or in good faith claims to be, of unmixed Asiatic descent and who professes any form of the Christian religion;

चित्र: भारतीय उत्तराधिकार अधिनियम 1925 का पहला पृष्ठ

2.1 भारतीय उत्तराधिकार अधिनियम 1925

भारतीय उत्तराधिकार अधिनियम 1925 निर्वसीयत (वसीयत के बिना मरना) और वसीयतनामा उत्तराधिकार (उत्तराधिकार जहां एक वसीयत मौजूद है) पर लागू कानून को मजबूत करने के लिए एक अधिनियम है। इस कानून का उद्देश्य वसीयत और उत्तराधिकार के विषय पर वैधानिक कानून के पूरे निकाय को पूर्ण रूप में प्रस्तुत करना है।

2.2 भारतीय उत्तराधिकार अधिनियम का सारांश

भारतीय उत्तराधिकार अधिनियम में वसीयत और उत्तराधिकार के अन्य पहलुओं से संबंधित विभिन्न आधार शामिल हैं। यह चर्चा करता है कि कौन वसीयत बना सकता है और नहीं, एक वैध वसीयत क्या है, विभिन्न प्रकार की वसीयतें, एक प्रशासक कैसे नियुक्त किया जा सकता है, कैसे प्रोबेट और उत्तराधिकार के पत्र दिए जा सकते हैं, कैसे ऋण, विरासत और उपहार का भुगतान किया जाना है। इसमें भारत के विभिन्न राज्यों के लिए बनाए गए अधिनियम में संशोधन भी शामिल हैं।

2.3 वसीयत बनाने के कारण

भारतीय उत्तराधिकार अधिनियम के अनुसार, यदि कोई व्यक्ति वसीयत किए बिना मर जाता है, तो परिवार के सदस्यों और अन्य रिश्तेदारों की निकटता के आधार पर, लागू राज्य के कानून नियंत्रित करते हैं कि उनकी संपत्ति किसके पास जानी चाहिए। हालांकि, अगर उनकी कुछ प्राथमिकताएं हैं कि उनकी संपत्ति किसे और किस हद तक मिलनी चाहिए, तो मरने से पहले वसीयत बनाना बेहतर है।

वसीयत निम्नलिखित में से किसी भी उद्देश्य से बनाया जा सकता है:

- पिछली वसीयत को रद्द करने या बदलने के लिए

- स्वयं के स्वामित्व वाली किसी विशिष्ट संपत्ति की पहचान करने के लिए
- अपने नाबालिग बच्चों के लिए अभिभावक नियुक्त करना या ट्रस्ट स्थापित करना
- स्वयं की संपत्ति का प्रबंधन करने के लिए निष्पादकों और ट्रस्टियों को नामित करना
- विशिष्ट व्यक्तियों और दान के लिए उपहार देना और पालतू जानवरों और नौकरों के लिए प्रदान करना
- किसी की संपत्ति का कितना हिस्सा किसको मिलता है, इस बारे में पारिवारिक विवादों को रोकने के लिए
- अपनी संपत्ति के वितरण की योजना बनाना ताकि करों को कम किया जा सके (जैसे विरासत कर और पूंजीगत लाभ कर)
- अपने स्वयं के अंतिम संस्कार, दाह संस्कार या दफनाने या किसी के अपने शरीर का निपटान कैसे करें, के बारे में निर्देश छोड़ने के लिए
- चिकित्सा अनुसंधान के लिए या अंग प्रत्यारोपण के लिए किसी के अंग, या अपने पूरे शरीर को दान करना।

2.4 वसीयत की विशेषताएं

वसीयत की आवश्यक विशेषताएं इस प्रकार हैं:

- वसीयतकर्ता (वसीयत करने वाला व्यक्ति) के इरादे की कानूनी घोषणा होनी चाहिए
- घोषणा वसीयतकर्ता की संपत्ति के संबंध में होनी चाहिए

- घोषणा इस आशय की होनी चाहिए कि इसे वसीयतकर्ता की मृत्यु के बाद संचालित करना है, अर्थात यह वसीयतकर्ता के जीवन के दौरान प्रतिसंहरणीय होना चाहिए।
- वसीयत में वसीयतकर्ता की चल और अचल संपत्तियों को सूचीबद्ध किया जाता है और बताता है कि संपत्ति को कैसे और किसके बीच और किस अनुपात में विभाजित किया जाना है।
- वसीयत को दो गवाहों द्वारा हस्ताक्षरित और सत्यापित किया जाना चाहिए।

एक नमूना वसीयत का प्रारूप निम्नानुसार होगा:

मैं, ____, ____ के बेटे, उम्र ____ साल, पते के साथ ____, मेरे द्वारा बनाई गई मेरी सभी पूर्व वसीयत को रद्द कर रहा हूँ। ***मैं इसे अपनी अंतिम वसीयत बताता हूं।***

मैं अच्छे स्वास्थ्य का हूं और एक अच्छे दिमाग का अधिकारी हूं। यह वसीयत मेरे द्वारा स्वतंत्र रूप से बनाया गया है। मुझे इस वसीयत को बनाने में किसी ने भी प्रभावित या विवश नहीं किया है।

मैं इसके द्वारा ____ को नियुक्त करता हूं, इस वसीयत के एकमात्र कार्यकारी के रूप में।

मेरी पत्नी का नाम ____ है। हमारे पास ____ बच्चे हैं, जिनके नाम इस प्रकार हैं:

1.

2.

मेरे पास निम्नलिखित अचल और चल संपत्ति है:

1. ____ पता में एक फ्लैट

2. आभूषण, विभिन्न कंपनियों में शेयर, बैंक खातों में नकदी और नकदी।

मेरे पास सभी संपत्तियां हैं। इन परिसंपत्तियों पर मेरा पूरा अधिकार है।

मैं निम्नलिखित तरीकों से अपने सभी चल और अचल संपत्तियों को निम्नलिखित व्यक्तियों को सौंपता हूं

1. अपनी पत्नी को मैं अपने बैंक खाते देता हूं

2. अपने बेटे को मैं अपना घर देता हूं

(   )

वसीयतकर्ता का हस्ताक्षर

दिनांक

2.5 रिश्तेदार की मृत्यु के बाद वसीयत कैसे खोजें

मृत्यु के बाद मृत कानूनी वारिसों के लिए निम्नलिखित बातों का ध्यान रखना चाहिए:

- कभी-कभी किसी व्यक्ति की अचानक मृत्यु हो सकती है और परिवार के सदस्य वसीयत के अस्तित्व के बारे में अनिश्चित हो सकते हैं। या फिर वे नहीं जान सकते कि वसीयत कहाँ रखी गई है, यदि यह मौजूद है। ऐसे मामले में, वे यह निष्कर्ष निकाल सकते हैं कि व्यक्ति ने वसीयत बिल्कुल नहीं छोड़ी है, लेकिन यह सही नहीं हो सकता है।
- इसलिए जितनी जल्दी हो सके वसीयत की तलाश शुरू करना अच्छा है।

- वसीयत रखने के लिए एक आम जगह एक बैंक का सुरक्षित जमा बॉक्स है जिसे वसीयत लिखने वाले व्यक्ति द्वारा किराए पर लिया जाता है।
- यदि वसीयत सुरक्षित जमा बॉक्स में स्थित नहीं है, तो अगला कदम व्यक्ति के बैंक से पूछताछ करना हो सकता है कि क्या उन्होंने किसी व्यक्ति को वसीयत के निष्पादक के रूप में नामित किया है।
- यदि यह भी परिणाम नहीं लाता है, तो व्यक्ति के घर की तलाशी ली जा सकती है, जिसमें उसके निजी कागजात भी शामिल हैं।
- एक बार किसी व्यक्ति की मृत्यु के बाद वसीयत मिल जाने के बाद, इसे खोला और पढ़ा जाना चाहिए। फिर इस पर कार्रवाई की जानी चाहिए, सबसे तत्काल और जरूरी वस्तुओं के साथ अंतिम संस्कार की व्यवस्था जैसे पहले कार्य किया जाना चाहिए।

मृतक की वसीयत का पता लगाने के बाद, कानूनी उत्तराधिकारियों को वसीयत में नामित शर्तों को लागू करने का अधिकार प्राप्त करने के लिए अदालत में प्रोबेट के लिए आवेदन करना चाहिए।
यदि मृतक एक वसीयत छोड़ देता है जिसमें निष्पादकों का नाम होता है, तो निष्पादकों को प्रोबेट के अनुदान के लिए उच्च न्यायालय के प्रोबेट डिवीजन में आवेदन करना होगा।

2.6 वसीयत की जांच के लिए न्यायालय की प्रक्रिया

वसीयत की जांच के लिए अदालती प्रक्रिया में आम तौर पर निम्नलिखित चरण शामिल होते हैं:
प्रस्तुत करना: याचिकाकर्ता मृत्यु प्रमाण पत्र, हलफनामे और अदालत शुल्क के साथ निर्धारित प्रारूप में अदालत में प्रोबेट आवेदन जमा करते हैं।

सत्यापन: कोर्ट प्रोबेट आवेदन प्राप्त करता है और विवरण की पुष्टि करता है।

प्रकाशन: अदालत ने समाचार पत्रों में जनता और परिजनों को आपत्तियां दर्ज करने के लिए आमंत्रित करने वाला नोटिस प्रकाशित करने का निर्देश दिया। यह परिजनों को सूचना पत्र भेजने का भी निर्देश देता है।

जारी करना: यदि कोई आपत्ति नहीं है, तो अदालत याचिकाकर्ताओं को प्रोबेट और प्रशासन के पत्र जारी करती है।

आपत्ति होने पर: यदि कोई आपत्ति होती है, तो सामान्य अदालती प्रक्रिया होती है।

सबूतों और तर्कों की जांच करने के बाद, अदालत प्रोबेट के अनुदान को अनुमति देने या अस्वीकार करने के लिए अपना निर्णय जारी करती है।

अध्याय 3: यदि मेरा पड़ोसी मेरी संपत्ति पर बहुत शोरगुल या अतिचार कर रहा है: टोर्ट कानून

यदि पड़ोसी हमारी संपत्ति पर बहुत अधिक शोरगुल या अतिचार कर रहे हैं, तो यह आमतौर पर टोर्ट कानून की शर्तों के अंतर्गत आता है।

3.1 अपकृत्य विधि (Tort Law) का परिचय

आपराधिक विधि में, जब कोई व्यक्ति कोई गलत काम करता है, तो हम उसे 'अपराध' कहते हैं। इसी तरह, सिविल विधि में, जब कोई व्यक्ति कोई गलत काम करता है, तो हम उसे 'अपकृत्य' (Tort) कहते हैं। आमतौर पर, जिस व्यक्ति के साथ गलत हुआ होता है, वह गलत करने वाले से मौद्रिक या अन्य क्षतिपूर्ति का दावा करने के लिए सिविल न्यायालय में मुकदमा दायर करता है। "Tort" शब्द, अंग्रेज़ी शब्द "Wrong" (गलत) और रोमन विधि के शब्द "Delict" का फ्रेंच पर्याय है। यह शब्द लैटिन शब्द "Tortum" से लिया गया है, जिसका अर्थ है कोई ऐसा कार्य जो विकृत, टेढ़ा-मेढ़ा, गलत या गैर-कानूनी हो।

3.2: शोर मचाने वाले पड़ोसी: उपताप (Nuisance) का अपकृत्य

अपकृत्य के रूप में 'उपताप' (Nuisance) का अर्थ है—किसी व्यक्ति के अपनी ज़मीन के उपयोग या उपभोग में, अथवा उस ज़मीन से संबंधित किसी अधिकार के प्रयोग में, गैर-कानूनी हस्तक्षेप करना।

यह हस्तक्षेप किसी भी माध्यम से हो सकता है—जैसे शोर, कंपन, गर्मी, धुआँ, वाष्प, पानी, गैस, बिजली, खुदाई का काम, या रोग फैलाने वाले कीटाणु।

उदाहरण के लिए, किसी आम तौर पर शांत रहने वाले मोहल्ले में, रात के बेवक़्त ज़ोर-ज़ोर से शोर मचाना—एक प्रकार का उपताप माना जा सकता है।

3.3 अत्यधिक शोर पर आईपीसी/BNS कानून

अत्यधिक शोर सार्वजनिक उपद्रव के अंतर्गत आता है जैसा कि धारा 268 में परिभाषित किया गया है और सजा भारतीय दंड संहिता (आईपीसी) की धारा 290 में बताई गई है। धारा 268 जनता को परेशान करने के लिए है और इसमें शोर के अलावा, अन्य प्रकार की झुंझलाहट शामिल हो सकती है जैसे कि क्षेत्र में रहने वाली जनता को सार्वजनिक सेवाओं को धमकाना या अस्वीकार करना।

सार्वजनिक उपद्रव पर आईपीसी की धारा 268 में कहा गया है:

एक व्यक्ति एक सार्वजनिक उपद्रव का दोषी है जो कोई भी कार्य करता है जो जनता या आम तौर पर आसपास रहने वाले लोगों के लिए कोई सामान्य चोट, खतरा या परेशानी का कारण बनता है, या जो लोगों को चोट, बाधा, खतरे या परेशानी का कारण बनता है जिन्हें किसी भी सार्वजनिक अधिकार का उपयोग करने का अवसर मिल सकता है। एक सामान्य उपद्रव को इस आधार पर माफ नहीं किया जाता है कि यह कुछ सुविधा या लाभ का कारण बनता है।

आईपीसी की धारा 290 सार्वजनिक उपद्रव करने के लिए सजा को परिभाषित करती है। यह इस प्रकार बताता है:

आईपीसी 290 - जो कोई भी किसी भी मामले में सार्वजनिक उपद्रव करता है जो इस संहिता द्वारा अन्यथा दंडनीय नहीं है, उसे जुर्माने से दंडित किया जाएगा जो दो सौ रुपये तक हो सकता है।

भले ही जुर्माने की राशि न के बराबर हो, शिकायत का असर पड़ोसी को भविष्य में जोर शोर से दोहराने से रोकने का हो सकता है।

3.4 अत्यधिक शोर पर ध्वनि प्रदूषण नियम

ध्वनि प्रदूषण नियंत्रण और विनियमन नियम 2000 में ध्वनि प्रदूषण के खिलाफ भी प्रावधान हैं। यह किसी के पड़ोसियों को तेज़ संगीत बजाने, तेज़ पटाखे फोड़ने या लाउडस्पीकर पर कोई आवाज़ करने से रोकता है जो रात में उस क्षेत्र में परिवेशीय शोर पर एक निश्चित सीमा (आमतौर पर 10 डेसिबल) से अधिक हो जाता है।

इस अधिनियम में रात 10 बजे से सुबह 6 बजे के बीच के समय को परिभाषित किया गया है। हालांकि, दिवाली या स्वतंत्रता दिवस जैसे उत्सव या सांस्कृतिक अवसरों के लिए मध्यरात्रि तक इसमें ढील दी गई है।

ध्वनि प्रदूषण नियम 2000 निम्नलिखित बताता है:

(1) किसी भी क्षेत्र/क्षेत्र में शोर का स्तर अनुसूची में निर्दिष्ट शोर के संबंध में परिवेशी वायु गुणवत्ता मानकों से अधिक नहीं होना चाहिए। (2) प्राधिकरण ध्वनि प्रदूषण नियंत्रण उपायों को लागू करने और शोर के संबंध में परिवेशी वायु गुणवत्ता मानकों के उचित अनुपालन के लिए जिम्मेदार होगा।

3.3 जब रात में पड़ोसी शोर कर रहा हो तो क्या करें

यदि किसी का पड़ोसी देर रात में जोर से आवाज कर रहा है या तेज संगीत बजा रहा है, तो पहला कदम यह होगा कि आप उनके पास जाएं और शांति से उनसे शोर कम करने का अनुरोध करें। आप हाउसिंग एसोसिएशन या सोसाइटी से भी शिकायत कर सकते हैं और उनसे अनुरोध कर सकते हैं कि शोर को कम करने के लिए उस फ्लैट के निवासियों से बात करें।

यदि उपरोक्त कदम संभव नहीं हैं या यदि पड़ोसी नहीं सुनते हैं और चेतावनियों के बावजूद शोर कम करते हैं, तो आप 100 डायल करके पुलिस को कॉल कर सकते हैं। पुलिस की एक यात्रा आमतौर पर शोर को रोकने के लिए पड़ोसियों को प्राप्त करने के लिए पर्याप्त है।

आप निम्नलिखित के आधार पर पड़ोसी के खिलाफ पुलिस या अदालत में शिकायत दर्ज कर सकते हैं:

- आईपीसी धारा 290
- ध्वनि प्रदूषण (नियंत्रण और विनियमन) नियम 2000

हालाँकि, यदि समस्या अभी भी बनी रहती है, तो पुलिस के पास पिछली शिकायतों के दस्तावेज के साथ, टोर्ट कानून के अनुसार दीवानी मामला दर्ज किया जा सकता है।

3.3: अतिक्रमण

अतिक्रमण आपके पड़ोसी द्वारा किया गया एक कार्य है जहां उनका आपकी संपत्ति पर अधिकार नहीं है, लेकिन फिर भी वे आपकी सहमति के बिना उस पर अवैध रूप से कब्जा कर लेते हैं, या आपको इसका उपयोग करने से रोकते हैं, उदाहरण के लिए गेट या ताले लगाकर।

यदि कोई पड़ोसी आपकी संपत्ति पर अवैध निर्माण करता है, तो यह अतिचार के कानूनों के अंतर्गत आता है। यह नागरिक संहिता और आपराधिक संहिता दोनों का हिस्सा है।

3.5 आपराधिक अतिचार पर IPC कानून

सभी अतिचार को आपराधिक अतिचार के रूप में वर्गीकृत नहीं किया जा सकता है, जब तक कि हिंसा और धमकी शामिल न हो। यदि यह आपराधिक नहीं है तो दीवानी उपचार, जैसे कि अदालती मामला, लागू किया जा सकता है।

एक अतिचार भी है जिसे गृह अतिचार कहा जाता है जहां एक व्यक्ति, जैसे पड़ोसी आपके घर के एक हिस्से या पूरे घर पर आपराधिक अतिचार करता है।

भारतीय दंड संहिता आईपीसी की धारा 441 आपराधिक अतिचार से संबंधित है, और 447 आपराधिक अतिचार के लिए सजा के लिए है। धारा 442 गृह अतिचार से संबंधित है।

आईपीसी की धारा 133 इसी तरह पड़ोसियों द्वारा अवैध निर्माण को हटाने की प्रक्रिया का वर्णन करती है।

IPC की धारा 441, 442 और 447 निम्नलिखित बताती है:

IPC 441 आपराधिक अतिचार: जो कोई ऐसी संपत्ति में प्रवेश करता है जो किसी अन्य के कब्जे में है, किसी अपराध को करने के इरादे से या ऐसी संपत्ति के कब्जे वाले किसी व्यक्ति को डराने, अपमानित करने या नाराज करने के लिए, या कानूनी रूप से ऐसी संपत्ति में प्रवेश करने के बाद, अवैध रूप से वहां इरादे से रहता है ऐसे किसी व्यक्ति को डराना, अपमानित करना या नाराज़ करना, या अपराध करने के इरादे से, "आपराधिक अतिचार" करना कहा जाता है।

IPC 442 गृह अतिचार: जो कोई निवास के रूप में या पूजा के स्थान के रूप में उपयोग किए जाने वाले किसी भवन या संपत्ति की अभिरक्षा के स्थान के रूप में उपयोग किए जाने वाले किसी भवन में प्रवेश करके या उसमें रहकर आपराधिक अतिचार करता है, उसे "गृह-अतिचार" कहा जाता है।

IPC 447 आपराधिक अतिचार के लिए सजा: जो कोई भी आपराधिक अतिचार करता है, उसे एक अवधि के लिए कारावास, जिसे तीन महीने तक बढ़ाया जा सकता है, या जुर्माना जो पांच सौ रुपये तक हो सकता है, या दोनों से दंडित किया जाएगा।

3.6 अगर कोई आपकी संपत्ति का अतिक्रमण करता है तो क्या करें

अगर कोई आपकी संपत्ति के एक हिस्से या पूरी संपत्ति पर अवैध रूप से कब्जा करता है, तो आप निम्नलिखित में से कुछ या सभी कदम उठा सकते हैं:

a. अतिचार की संपत्ति के कुछ फोटो, वीडियो और अन्य सबूत प्राप्त करें। यदि पड़ोसी ने आपकी संपत्ति पर कोई अवैध निर्माण किया है तो उसका भी प्रमाण प्राप्त करें।

b. आपराधिक अतिचार या धमकी और धमकी के साथ अतिचार के मामले में, निकटतम पुलिस स्टेशन पर जाएँ और/या पुलिस अधीक्षक को एक लिखित शिकायत दर्ज करें जिसमें दस्तावेज और फोटो जैसे सबूत हों। आईपीसी की धारा 441 और 447 जैसी आपराधिक अतिचार की धाराओं के तहत शिकायत दर्ज करें।

c. अतिचार करने वाले पड़ोसी को कानूनी नोटिस भेजें, उन्हें अवैध रूप से अतिक्रमित संपत्ति को खाली करने के लिए कहें, ऐसा न करने पर कानूनी कार्यवाही शुरू की जाएगी।

d. अदालतों (जैसे जिला अदालत या उच्च न्यायालय) के समक्ष एक मुकदमा / रिट याचिका दायर करें, जिसमें पुलिस और अन्य अधिकारियों को संपत्ति से अतिचार करने वाले पड़ोसी को बेदखल करने और उस संपत्ति के कब्जे को आपको बहाल करने के लिए निर्देश देने का अनुरोध किया गया है।

e. किसी भी निर्माण और/या अवैध रूप से कब्जा की गई संपत्ति की बिक्री, और पहले से किए गए किसी भी अवैध निर्माण को ध्वस्त करने के खिलाफ तत्काल रोक / निषेधाज्ञा पारित करने का अनुरोध करते हुए अदालतों के समक्ष एक मुकदमा दायर करें।

f. फोटो जैसे सबूतों के साथ, कब्जाधारी द्वारा अतिचार के खिलाफ नगर निगम (जैसे दिल्ली में एमसीडी) में शिकायत दर्ज करें। यह तब भी लागू होता है जब कुछ निर्माण उचित योजना अनुमति के बिना किया गया हो।

g. सबूतों के साथ सब डिविजनल मजिस्ट्रेट (एसडीएम) के समक्ष लिखित शिकायत दर्ज करें

h. कब्जेदार से हर्जाने के लिए दीवानी मुकदमा दायर करें

i. अभिलेखों के उत्परिवर्तन को रोकने के लिए राजस्व/भूमि प्राधिकारियों के पास शिकायत दर्ज करें

ध्यान दें कि उपरोक्त चरणों में दीवानी और आपराधिक अतिचार दोनों शामिल हैं।

अध्याय 4: यदि कोई कंपनी वारंटी होने के बावजूद मोबाइल फोन की मरम्मत करने से इंकार कर दे: अनुबंध कानून

4.1 अनुबंध क्या है

अनुबंध दो या दो से अधिक व्यक्तियों के बीच मूल्य के कुछ आदान-प्रदान के लिए एक समझौता है। अनुबंध में प्रत्येक व्यक्ति कानूनी रूप से वह करने के लिए बाध्य है जिसका वादा किया गया है। एक पार्टी जो सहमत वादे को पूरा करने में विफल रहती है, ने अनुबंध का उल्लंघन किया है। जब हम कुछ खरीदने के लिए सहमत होते हैं, तो हम अनिवार्य रूप से एक कानूनी अनुबंध बनाते हैं। अनुबंध का कानून हमारे दैनिक जीवन के कई हिस्सों के लिए प्रासंगिक है, और उपभोक्ताओं के रूप में खुद को बचाने के लिए अनुबंधों को समझना महत्वपूर्ण है।

भारत में, अनुबंध कानून माल की बिक्री अधिनियम 1930 और भारतीय अनुबंध अधिनियम 1872 द्वारा निर्दिष्ट किया गया है।

4.2 अनुबंध के विभिन्न अर्थ

विभिन्न स्रोतों से लिए गए अनुबंध के अर्थ इस प्रकार हैं:

- एक समझौता जो कानून द्वारा प्रवर्तनीय है एक अनुबंध है: भारतीय अनुबंध अधिनियम 1872

- एक वैध विचार या पाठ्यक्रम के साथ दो या दो से अधिक व्यक्तियों के बीच एक लागू करने योग्य वाचा या समझौता (टॉमलिन)

- वित्त और निवेश के शब्दकोश से: अनुबंध एक समझौता है जिसके द्वारा वैध विचार के लिए अधिकार या कृत्यों का आदान-प्रदान किया जाता है। वैध होने के लिए, इसे सक्षम पार्टियों द्वारा दर्ज किया जाना चाहिए, एक कानूनी और नैतिक लेनदेन को कवर करना चाहिए, और इसमें पारस्परिकता होनी चाहिए। वित्त और निवेश में अनगिनत लेनदेन अनुबंधों द्वारा कवर किए जाते हैं।

- हालांकि एक अनुबंध की पूर्ण और सार्वभौमिक रूप से सही परिभाषा देना शायद असंभव है, सबसे आम तौर पर स्वीकृत परिभाषा है: एक वादा या वादों का एक सेट जिसे कानून लागू करेगा। अभिव्यक्ति "अनुबंध" का प्रयोग निम्नलिखित में से किसी एक या सभी का वर्णन करने के लिए किया जा सकता है:

a) वादों या कृत्यों की श्रृंखला जो अनुबंध करते हैं

b) दस्तावेज़ या दस्तावेज़ जो अनुबंध का गठन करते हैं

c) उस श्रृंखला या वादे या कृत्यों या अनुबंध में उल्लिखित उनके प्रदर्शन को बनाने या प्रमाणित करने वाले दस्तावेज या दस्तावेज

d) कृत्यों की उस श्रृंखला के परिणामस्वरूप कानूनी संबंध

(हैलिसबरी, चौथा संस्करण, खंड 9, पैरा 201, पृष्ठ 80)

अनुबंधों को उनके कार्य के तरीके के अनुसार तीन वर्गों में विभाजित किया गया है:

- रिकॉर्ड के अनुबंध

- मुहर के तहत अनुबंध

- सरल अनुबंध

4.4 भारतीय अनुबंध अधिनियम 1872

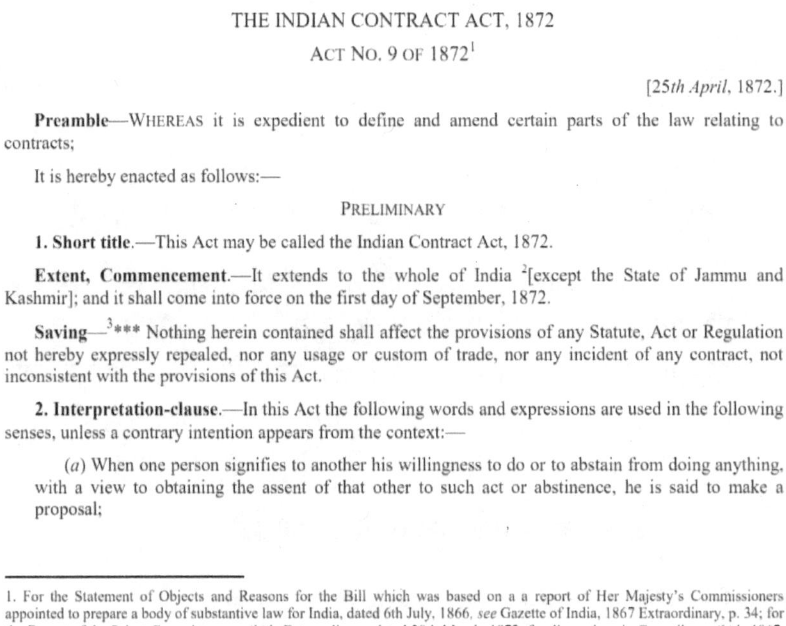

THE INDIAN CONTRACT ACT, 1872

ACT NO. 9 OF 1872[1]

[25*th April*, 1872.]

Preamble—WHEREAS it is expedient to define and amend certain parts of the law relating to contracts;

It is hereby enacted as follows:—

PRELIMINARY

1. Short title.—This Act may be called the Indian Contract Act, 1872.

Extent, Commencement.—It extends to the whole of India [2][except the State of Jammu and Kashmir]; and it shall come into force on the first day of September, 1872.

Saving—[3]*** Nothing herein contained shall affect the provisions of any Statute, Act or Regulation not hereby expressly repealed, nor any usage or custom of trade, nor any incident of any contract, not inconsistent with the provisions of this Act.

2. Interpretation-clause.—In this Act the following words and expressions are used in the following senses, unless a contrary intention appears from the context:—

(*a*) When one person signifies to another his willingness to do or to abstain from doing anything, with a view to obtaining the assent of that other to such act or abstinence, he is said to make a proposal;

1. For the Statement of Objects and Reasons for the Bill which was based on a a report of Her Majesty's Commissioners appointed to prepare a body of substantive law for India, dated 6th July, 1866, *see* Gazette of India, 1867 Extraordinary, p. 34; for

चित्र: भारतीय अनुबंध अधिनियम 1872 का पहला पृष्ठ

भारतीय अनुबंध अधिनियम 1872 भारत में अनुबंध कानून को परिभाषित करने वाला मुख्य अधिनियम है। यह उन परिस्थितियों को बताता है जिनमें भारतीय कानून में दो या दो से अधिक पक्षों के बीच एक अनुबंध लागू किया जा सकता है।

4.5 भारतीय अनुबंध अधिनियम 1872 के अनुसार अनुबंध के तत्व

भारतीय अनुबंध अधिनियम 1872 के अनुसार कानूनी रूप से बाध्यकारी अनुबंध में निम्नलिखित तत्व होने चाहिए:

- **प्रस्ताव:** एक पक्ष द्वारा एक प्रस्ताव होना चाहिए।
- **स्वीकृति:** प्रस्ताव किसी अन्य पक्ष द्वारा स्वीकार किया जाना चाहिए। कानून कुछ कार्यों से स्वीकृति का अनुमान लगाता है, जैसे किसी संपर्क पर हस्ताक्षर करना या सौदेबाजी की शर्तों को पूरा करना शुरू करना।
- **वादा:** जब प्रस्ताव स्वीकार कर लिया जाता है, तो यह एक वादा बन जाता है, जो कानूनी रूप से लागू करने योग्य होता है।
- **विचार (प्रतिफल):** यह वादे के लिए भुगतान की गई कीमत को संदर्भित करता है। प्रत्येक वैध अनुबंध में प्रतिफल का आदान-प्रदान होना चाहिए। इसका मतलब यह है कि मूल्य का कुछ मूल्य के कुछ और के लिए दिया जाता है। उदाहरण के लिए, यदि आप किसी स्टोर पर कपड़े खरीदते हैं, तो आपका विचार भुगतान किया जा रहा पैसा है और व्यापारी का विचार वह वस्तु है जिसे खरीदा जा रहा है। दो वस्तुओं का मूल्य हमेशा समान नहीं होता है, और कानून उपभोक्ताओं को अच्छे सौदे और बुरे सौदे दोनों करने की अनुमति देता है।
- **समझौता:** वादे के लिए प्रतिफल के साथ किए गए वादे को समझौता कहा जाता है।
- **शून्य अनुबंध:** एक शून्य अनुबंध एक अनुबंध है जो कानून द्वारा लागू करने योग्य नहीं है।
- अनुबंध करने वाले लोगों को अनुबंध करने के लिए कानूनी रूप से सक्षम होना चाहिए। उदाहरण के लिए, वे मानसिक रूप से बीमार या नशे में नहीं हो सकते हैं, या अनुबंधों के लिए न्यूनतम आयु से कम नहीं हो सकते हैं।

4.6 भारतीय अनुबंध अधिनियम के अनुसार स्वीकृति, वैध प्रतिफल और सक्षम व्यक्ति

भारतीय अनुबंध अधिनियम 1930 के अनुसार अनुबंध की स्वीकृति के नियम इस प्रकार हैं:

- **पूर्ण और अयोग्य**: किसी पार्टी द्वारा किसी प्रस्ताव की स्वीकृति पूर्ण और अयोग्य होनी चाहिए। उदाहरण के लिए, पार्टी द्वारा पेशकश की गई कीमत से भिन्न मूल्य पर आइटम खरीदने के लिए कोई काउंटर ऑफ़र नहीं होना चाहिए।
- **संप्रेषित**: प्रस्ताव देने वाले पक्ष को लिखित या मौखिक रूप में स्वीकृति की सूचना दी जानी चाहिए।
- **मोड:** स्वीकृति निर्धारित मोड में होनी चाहिए। यदि नहीं, तो प्रस्तावक इसे स्वीकार करने वाले व्यक्ति को सूचित कर सकता है कि स्वीकृति निर्धारित मोड के अनुसार नहीं है जैसे कि लिखित या मौखिक या ईमेल।
- **समय सीमा:** स्वीकृति एक विशिष्ट समय सीमा के भीतर और प्रस्ताव के समाप्त होने से पहले की जानी चाहिए।
- **प्रस्ताव के बाद स्वीकृति:** स्वीकृति प्रस्ताव के बाद ही हो सकती है, पहले नहीं।

किसी एक पक्ष की चुप्पी को स्वीकृति नहीं माना जा सकता।

भारतीय अनुबंध अधिनियम के अनुसार वैध प्रतिफल के नियमों में निम्नलिखित शामिल हैं:

- वचनदाता की इच्छा या अनुरोध पर कार्रवाई होनी चाहिए। यदि वचनदाता द्वारा स्पष्ट रूप से इसके लिए अनुरोध किए बिना कार्रवाई की गई है, तो कोई प्रतिफल देय नहीं है।

- प्रतिफल वास्तविक होना चाहिए और कानून के अनुसार इसका कुछ मूल्य होना चाहिए।
- प्रतिफल भूत, वर्तमान या भविष्य हो सकता है।
- वादा किए गए व्यक्ति से दूसरे व्यक्ति पर प्रतिफल किया जा सकता है।
- जरूरी नहीं कि प्रतिफल पर्याप्त या समान मूल्य का हो।
- प्रतिफल कुछ ऐसा नहीं होना चाहिए जो वादा करने वाला पहले से ही करने के लिए बाध्य हो।
- प्रतिफल कानून द्वारा निषिद्ध नहीं होना चाहिए।
- प्रतिफल में किसी व्यक्ति को चोट नहीं पहुंचनी चाहिए।
- प्रतिफल अनैतिक, कपटपूर्ण या सार्वजनिक नीति के विरुद्ध नहीं होना चाहिए।

अनुबंध करने के लिए सक्षम व्यक्तियों में निम्नलिखित शामिल हैं:

- व्यक्ति अवयस्क नहीं होना चाहिए।
- अनुबंध करते समय उन्हें विकृत दिमाग का नहीं होना चाहिए, जैसे मानसिक रूप से बीमार या नशे में।
- उन्हें कानून द्वारा अनुबंध करने से अयोग्य नहीं ठहराया जाना चाहिए, जैसे कि एक अपराधी, या विदेशी दुश्मन।
- उन्हें अपनी स्वतंत्र इच्छा और सहमति से अनुबंध करना चाहिए, और जबरदस्ती, अनुचित प्रभाव, धोखाधड़ी या गलत बयानी के अधीन नहीं होना चाहिए।

4.7 अमान्य और अप्रवर्तनीय अनुबंध

कुछ अवैध या कुछ ऐसा करने के समझौते जो सार्वजनिक नीति के खिलाफ हैं, अदालतों में लागू नहीं होते हैं। उदाहरण के लिए, अवैध ड्रग्स बेचने का अनुबंध।

एक नाबालिग व्यक्ति आमतौर पर अनुबंध में प्रवेश नहीं कर सकता है। उदाहरण के लिए, पुरुष के लिए 18 वर्ष से कम और महिला के लिए 21 वर्ष से कम आयु का व्यक्ति।

एक अनुबंध जो अनुचित है उसे लागू नहीं किया जा सकता है। उदाहरण के लिए, एक अनुबंध जो किसी विशेष पार्टी के पक्ष में है, अनुचित और अचेतन पाया जा सकता है, और इसलिए अदालत में अप्रवर्तनीय है यदि

- उपभोक्ता को इसे लेने या छोड़ने के आधार पर एक अनुबंध के साथ प्रस्तुत किया जाता है।
- पार्टियों के बीच असमान सौदेबाजी की शक्ति होती है, जैसे कि जब विक्रेता शिक्षित और अनुभवी हो और उपभोक्ता अशिक्षित हो।

कुछ प्रकार के कार्य बांड, जैसे किसी आईटी कंपनी में एक निश्चित संख्या में वर्षों तक काम करने का वादा या किसी प्रतियोगी के लिए कभी काम नहीं करने का वादा भी अप्रवर्तनीय हो सकता है।

एक अनुबंध को अमान्य करने के लिए धोखाधड़ी और गलत बयानी आधार हैं। धोखाधड़ी का एक उदाहरण एक पार्टी को अनुबंध से सहमत होने के लिए प्रेरित करने के लिए एक झूठा बयान है। गलत बयानी किसी भी रूप में हो सकती है

- भ्रामक बयान देना या
- एक बयान में जानबूझकर जानकारी रोकना

जिसके कारण पार्टी अनुबंध के लिए सहमत नहीं हो सकती थी।

4.8 वारंटी

वारंटी एक प्रकार का अनुबंध है, या अनुबंध में मौजूद एक या अधिक शर्तें हैं। एक वारंटी एक विक्रेता द्वारा बिक्री के लिए पेश किए गए माल की गुणवत्ता या प्रदर्शन से संबंधित एक वादा या गारंटी है। यह आमतौर पर सीमित समय अवधि के लिए वैध होता है। वारंटी एक बयान है कि विक्रेता उत्पाद में किसी भी दोष को ठीक करने के लिए क्या करेगा, या विक्रेता क्या करेगा यदि उत्पाद विज्ञापित के रूप में अपनी वैधता की समय अवधि के भीतर प्रदर्शन नहीं करता है। यदि विक्रेता वारंटी का सम्मान नहीं करता है, तो अनुबंध को भंग कहा जाता है।

माल की बिक्री अधिनियम 1930 में निम्नलिखित कहा गया है:

13. जब शर्त को वारंटी के रूप में माना जाए:

(1) जहां बिक्री का अनुबंध विक्रेता द्वारा पूरी की जाने वाली किसी भी शर्त के अधीन है, खरीदार शर्त को छोड़ सकता है या शर्त के उल्लंघन को वारंटी के उल्लंघन के रूप में मानने का चुनाव कर सकता है, न कि अनुबंध को अस्वीकार करने के कारण के रूप में।

(2) जहां बिक्री का अनुबंध अलग नहीं किया जा सकता है और खरीदार ने माल या उसके हिस्से को स्वीकार कर लिया है, विक्रेता द्वारा पूरी की जाने वाली किसी भी शर्त का उल्लंघन केवल वारंटी के उल्लंघन के रूप में माना जा सकता है, न कि अस्वीकार करने के कारण के रूप में माल और अनुबंध को अस्वीकृत के रूप में मानते हुए, जब तक कि अनुबंध में इसका उल्लेख न हो।

(3) इस खंड में कुछ भी किसी भी शर्त या वारंटी की पूर्ति के मामले को प्रभावित नहीं करेगा, जिसे कानून द्वारा असंभव या अन्यथा के कारण माफ कर दिया गया है।

वारंटी दो प्रकार की होती है: व्यक्त और निहित।

- **व्यक्त वारंटी**: यह बिक्री के लिए माल की गुणवत्ता या प्रदर्शन से संबंधित एक स्पष्ट बयान है जो बिक्री के अनुबंध का हिस्सा है।
- **निहित वारंटी**: इसे विक्रेता द्वारा माल के खरीदार के व्यवहार से समझा जाता है।

निम्नलिखित खंड में, हम भारत में अनुबंधों से संबंधित एक अन्य महत्वपूर्ण कानून को देखते हैं।

4.9 माल की बिक्री अधिनियम 1930

माल की बिक्री अधिनियम 1930 माल की बिक्री और स्वामित्व के हस्तांतरण से संबंधित कानून को परिभाषित करता है, जिसमें चल संपत्ति शामिल है, लेकिन भूमि नहीं। यह मुख्य रूप से खरीदारों और विक्रेताओं के बीच अनुबंधों पर केंद्रित है।

THE SALE OF GOODS ACT, 1930

ACT NO. 3 OF 1930[1]

[15*th March*, 1930.]

An Act to define and amend the law relating to the sale of goods.

WHEREAS it is expedient to define and amend the law relating to the sale of goods; It is hereby enacted as follows:—

CHAPTER I

PRELIMINARY

1. Short title, extent and commencement.—(*1*) This Act may be called the [2]*** Sale of Goods Act, 1930.

[3][(*2*) It extends to the whole of India [4][except the State of Jammu and Kashmir].]

(*3*) It shall come into force on the 1st day of July, 1930.

2. Definitions.—In this Act, unless there is anything repugnant in the subject or context,—

(*1*) "buyer" means a person who buys or agrees to buy goods;

(*2*) "delivery" means voluntary transfer of possession from one person to another;

(*3*) goods are said to be in a "deliverable state" when they are in such state that the buyer would under the contract be bound to take delivery of them;

(*4*) "document of title to goods" includes a bill of lading, dockwarrant, warehouse keeper's certificate, wharfingers' certificate, railway receipt, [5][multimodal transport document,] warrant or order for the delivery of goods and any other document used in the ordinary course of business as proof of the possession or control of goods, or authorising or purporting to authorise, either by endorsement or by delivery, the possessor of the document to transfer or receive goods thereby

चित्र: माल की बिक्री अधिनियम 1930 का पहला पृष्ठ

माल की बिक्री अधिनियम 1930 एक खरीदार और एक विक्रेता के बीच माल की बिक्री के लिए एक अनुबंध को परिभाषित करता है, जहां किसी वस्तु का स्वामित्व विक्रेता से खरीदार को मूल्य के भुगतान पर स्थानांतरित किया जाता है। माल शब्द "कार्रवाई योग्य दावों और धन के अलावा हर प्रकार की चल संपत्ति को संदर्भित करता है; और इसमें स्टॉक और शेयर, बढ़ती फसलें, घास, और जमीन से जुड़ी या बनने वाली चीजें शामिल हैं जिन्हें बिक्री से पहले या इसके तहत अलग करने के लिए सहमति व्यक्त की जाती है। "
स्वामित्व और अधिकारों के साथ, आइटम से जुड़े किसी भी जोखिम और देनदारियों को भी विक्रेता से खरीदार को स्थानांतरित कर दिया जाता है। अधिनियम में मौजूदा माल के साथ-साथ भविष्य में स्थानांतरित किए जाने वाले सामान भी शामिल हैं।

माल की बिक्री अधिनियम परिभाषित करता है कि बिक्री का अनुबंध क्या है और अनुबंध से जुड़ी विभिन्न शर्तें। यह विभिन्न मामलों को भी कवर करता है जहां माल दोषपूर्ण है या अनुबंध की शर्तें पूरी नहीं होती हैं। इसमें खरीदारों और विक्रेताओं के अधिकारों के साथ-साथ क्षतिग्रस्त सामान और नीलामी जैसी विशेष शर्तें शामिल हैं।

अध्याय 5: यदि मेरी नौकरी में मेरे साथ भेदभाव किया जाता है: भेदभाव का कानून

5.1 भेदभाव क्या है

भेदभाव तब होता है जब कुछ लोगों के साथ उनकी जाति, लिंग, उम्र या धर्म जैसे समूह में सदस्यता के कारण दूसरों की तुलना में अलग व्यवहार किया जाता है।

भेदभाव के उदाहरण इस प्रकार हैं: एक जमींदार एक निश्चित धर्म या जाति के लोगों को किराए पर अपना घर नहीं दे सकता है। एक कंपनी एक ही काम करने वाले पुरुष और महिला कर्मचारियों को अलग-अलग वेतन दे सकती है।

Right to Equality

14. Equality before law.—The State shall not deny to any person equality before the law or the equal protection of the laws within the territory of India.

15. Prohibition of discrimination on grounds of religion, race, caste, sex or place of birth.—(*1*) The State shall not discriminate against any citizen on grounds only of religion, race, caste, sex, place of birth or any of them.

(*2*) No citizen shall, on grounds only of religion, race, caste, sex, place of birth or any of them, be subject to any disability, liability, restriction or condition with regard to—

(*a*) access to shops, public restaurants, hotels and places of public entertainment; or

(*b*) the use of wells, tanks, bathing ghats, roads and places of public resort maintained wholly or partly out of State funds or dedicated to the use of the general public.

(*3*) Nothing in this article shall prevent the State from making any special provision for women and children.

[2][(*4*) Nothing in this article or in clause (*2*) of article 29 shall prevent the State from making any special provision for the advancement of any socially and educationally backward classes of citizens or for the Scheduled Castes and the Scheduled Tribes.]

चित्र: भारतीय संविधान के अनुच्छेद 14 और 15 का स्क्रीनशॉट

5.2 भारतीय संविधान की धारा 15

भारतीय संविधान की धारा 15 लिंग, धर्म, नस्ल, जाति या जन्म स्थान के आधार पर भेदभाव पर रोक लगाती है। यह समानता के अधिकार को बताते हुए धारा 14 का अनुसरण करता है और अर्हता प्राप्त करता है।

भेदभाव सकारात्मक और नकारात्मक दोनों हो सकता है। सकारात्मक भेदभाव एक विशिष्ट समुदाय के साथ सकारात्मक व्यवहार करने के लिए संदर्भित करता है, जबकि नकारात्मक भेदभाव एक विशिष्ट विशेषता वाले लोगों या एक विशिष्ट समुदाय से संबंधित लोगों को अवसरों से वंचित करने के लिए संदर्भित करता है।

हालांकि, सभी भेदभाव अवैध नहीं हैं। संविधान के अनुच्छेद 15 में ही उल्लेख है कि राज्य अनुसूचित जाति और जनजाति जैसे समाज के कुछ वर्गों की सामाजिक और शैक्षिक उन्नति के लिए विशेष प्रावधान कर सकता है।

5.3 वेतन में भेदभाव पर हाई कोर्ट का नज़रिया

हाई कोर्ट ने हाल के एक फ़ैसले में यह राय दी कि जूनियर इंजीनियरों के पहले से मौजूद कॉमन कैडर के वेतनमानों का 3.7.1969 से पीछे की तारीख़ से बँटवारा करना ग़लत था, और चूंकि उस फ़ैसले को चुनौती नहीं दी गई थी, इसलिए वह अंतिम हो गया था। इसका मतलब यह है कि इसी तर्क के आधार पर और एक तार्किक निष्कर्ष के तौर पर, यह बात भी माननी होगी कि सभी कॉमन कैडर के वेतनमानों का पीछे की तारीख़ से बँटवारा करना ग़लत है; वरना स्थिति असंगत हो जाएगी। कर्मचारियों के अलग-अलग वर्गों के लिए आधे दिन की छुट्टियों को भुनाने (encashment) की सुविधा वाली नीति के मामले में होने वाला भेदभाव भी इसी श्रेणी में आता है।

5.4 भारतीय अदालतों द्वारा भेदभावपूर्ण माने गए मामलों के उदाहरण

कुछ उदाहरण इस प्रकार हैं:

अनुशासनात्मक प्राधिकारी के तौर पर काम करते हुए अपीलीय प्राधिकारी द्वारा सज़ा देना भेदभावपूर्ण है, क्योंकि यह अपील करने के अधिकार से वंचित करता है [AIR 1995 SC 1053]।

सरकारी मान्यता प्राप्त निजी लॉ कॉलेजों को 'सहायता अनुदान' (grants-in-aid) देने से मना करना, जबकि अन्य सुविधाओं वाले मान्यता प्राप्त निजी कॉलेजों को ऐसे लाभ देना भेदभावपूर्ण है [AIR 1996 SC 1201]।

अनुसूचित जाति और अनुसूचित जनजाति के कैदियों को विशेष छूट देना, और अन्य कैदियों को वही छूट न देना भेदभावपूर्ण है। हालाँकि, ऐसी छूट देना अपने आप में ही ग़ैर-क़ानूनी माना गया था [AIR 1996 SC 2106]।

जहाँ पूरी चयन प्रक्रिया ही ग़ैर-क़ानूनी पाई गई और चयन को रद्द कर दिया गया, वहाँ उन उम्मीदवारों को संरक्षण देना जिन्होंने प्रशिक्षण प्राप्त कर लिया था और जिन्हें हाई कोर्ट के अंतरिम आदेश के तहत नियुक्त किया गया था [1995 Supp (1) SCC 266]।

5.4 भारतीय अदालतों द्वारा गैर-भेदभावपूर्ण माने गए मामलों के उदाहरण

कुछ उदाहरण इस प्रकार हैं:

किसानों को बिजली की रियायती दर देना, जबकि औद्योगिक उपभोक्ताओं को नहीं, गैर-भेदभावपूर्ण माना गया है, क्योंकि किसान एक अलग वर्ग हैं [AIR 1995 SC 2234]।

TADA अधिनियम के तहत मामलों का फैसला करने के लिए संसद द्वारा निर्धारित विचारण प्रक्रिया को गैर-भेदभावपूर्ण माना गया है, क्योंकि राज्य

सरकार के पास विचारण प्रक्रिया चुनने का कोई विवेकाधीन विकल्प नहीं छोड़ा गया है [AIR 1996 SC 3305]।

समान स्थिति वाले अन्य लोगों को किसी अवैध लाभ से वंचित करना गैर-भेदभावपूर्ण माना गया [AIR 2000 SC 2306]।

किसी क्षेत्र के गन्ना उत्पादकों को—चाहे वे सहकारी समितियों के सदस्य हों या गैर-सदस्य—गन्ने की समान कीमत देना गैर-भेदभावपूर्ण माना गया [1995 Supp (3) SCC 475]।

अनुसूचित जातियों और अनुसूचित जनजातियों के लिए पद आरक्षित करते हुए अन्य पिछड़े वर्गों को आरक्षण न देना गैर-भेदभावपूर्ण माना गया है [1995 Supp (3) SCC 475]।

5.5 अदालतें यह कैसे तय करती हैं कि भेदभाव हुआ है या नहीं

भारत का संविधान यह प्रावधान करता है कि कोई भी राज्य किसी भी व्यक्ति को कानून का समान संरक्षण देने से मना नहीं करेगा। यह तय करने के लिए कि कोई कानून या सरकारी कार्यप्रणाली 'समान संरक्षण' के मानक को पूरा करती है या नहीं, अदालतें शामिल भेदभाव के प्रकार के आधार पर तीन अलग-अलग परीक्षणों का उपयोग करती हैं:

- **उचित आधार परीक्षण (The Reasonable Basis Test):** इस परीक्षण का उपयोग भेदभाव से जुड़े अधिकांश मामलों में किया जाता है। इस परीक्षण का उपयोग करते हुए, न्यायाधीश संबंधित कानून या प्रथा को तब तक मान्य मानते हैं, जब तक उसका कोई उचित आधार हो; यानी, जहाँ वर्गीकरण और कानून के उद्देश्य के बीच कोई तार्किक संबंध मौजूद हो।

- **कठोर जाँच परीक्षण (The Strict Scrutiny Test):** इस परीक्षण का उपयोग तब किया जाता है, जब कुछ कानून या प्रथाएँ नस्ल, राष्ट्रीय मूल, नागरिकता की स्थिति, या भारतीय संविधान में वर्णित किसी मौलिक

अधिकार (जैसे धर्म की स्वतंत्रता) के आधार पर भेदभाव करती हैं। कठोर जाँच परीक्षण लागू करने वाले न्यायाधीश किसी कानून या प्रथा को तब तक असंवैधानिक घोषित कर देंगे, जब तक कि राज्य यह साबित न कर दे कि वह कानून या प्रथा किसी 'अत्यंत महत्वपूर्ण हित' (compelling interest) की पूर्ति करती है, और उस हित को पूरा करने का कोई अन्य ऐसा तरीका मौजूद नहीं है, जो कम हस्तक्षेपकारी हो। उदाहरण के लिए, 'सौरभ चौधरी बनाम भारत संघ' (Saurabh Chaudhary & Ors v. Union of India) मामले में इसी परीक्षण का उपयोग यह निर्धारित करने के लिए किया गया था कि क्या अधिवास (domicile) या संस्थागत वरीयता के आधार पर दिया जाने वाला आरक्षण असंवैधानिक है।

- **सारभूत संबंध परीक्षण (The Substantial Relationship Test):** लिंग-आधारित भेदभाव से जुड़े मामलों में, सर्वोच्च न्यायालय 'सारभूत संबंध परीक्षण' का उपयोग कर सकता है। ऐसे मामलों में, संबंधित कानून या प्रथा और उसके उद्देश्य के बीच एक घनिष्ठ संबंध (केवल एक तार्किक संबंध नहीं) होना अनिवार्य है। इसके अतिरिक्त, लिंग के आधार पर भिन्नता रखने वाले कानूनों का उद्देश्य किसी महत्वपूर्ण सरकारी हित या उद्देश्य की पूर्ति करना भी होना चाहिए।

अध्याय 6: यदि मुझे ऋण लेने की आवश्यकता हो तो क्या करें: ऋण का नियम

क्रेडिट का इस्तेमाल करने का मतलब है कि आप अभी सामान या सेवाएँ खरीदते हैं, और वादा करते हैं कि भविष्य में कभी उनका भुगतान करेंगे। इसका मतलब यह भी है कि आप अभी पैसे उधार लेते हैं, और वादा करते हैं कि भविष्य में उन्हें चुका देंगे।

जो लोग पैसे उधार देते हैं या क्रेडिट देते हैं, उन्हें क्रेडिटर (लेनदार) कहा जाता है; और जो लोग पैसे उधार लेते हैं या क्रेडिट लेते हैं, उन्हें डेटर (देनदार) कहा जाता है। डेटर आमतौर पर क्रेडिटर को उधार ली गई रकम के अलावा कुछ अतिरिक्त पैसे देते हैं—जैसे कि ब्याज, फाइनेंस चार्ज या कोई और शुल्क—ताकि वे क्रेडिट का इस्तेमाल कर सकें।

6.1 क्रेडिट के प्रकार

क्रेडिट के दो मुख्य प्रकार होते हैं: असुरक्षित (unsecured) और सुरक्षित (secured)।

सुरक्षित क्रेडिट में, उधार लेने वाले को क्रेडिट पाने के लिए अपनी कोई कीमती संपत्ति गिरवी रखनी पड़ती है; इसे 'कोलैटरल' (गिरवी रखी गई संपत्ति) कहा जाता है। कोलैटरल एक तरह की सुरक्षा होती है, ताकि अगर उधार की रकम वापस न चुकाई जाए, तो नुकसान न हो। अगर उधार लेने वाला समय पर किश्तें नहीं चुकाता है और लोन पर डिफ़ॉल्ट कर देता है, तो उधार देने वाला (लेंडर) उस कोलैटरल को अपने कब्ज़े में ले सकता है। सुरक्षित क्रेडिट का एक उदाहरण बैंक से लिया गया होम लोन है; इसमें

घर के रजिस्ट्रेशन के कागज़ात बैंक के पास कोलैटरल के तौर पर जमा रखने पड़ते हैं।

असुरक्षित क्रेडिट में, सिर्फ़ आपका वादा ही काफ़ी होता है; इसमें कोई संपत्ति गिरवी रखने की ज़रूरत नहीं पड़ती। क्रेडिट कार्ड असुरक्षित क्रेडिट के ही उदाहरण हैं।

6.2 बैंक लोन

बैंक अपने ग्राहकों को कई तरह के लोन देते हैं, ताकि वे घर या कार खरीदने, या विदेश में पढ़ाई करने जैसे कामों के लिए पैसे का इंतज़ाम कर सकें। इन लोन को एक तय समय-सीमा के अंदर चुकाना होता है—जैसे कि 10 या 15 साल में।

इन बैंक लोन को मंज़ूरी देने से पहले, बैंक और Experian जैसी क्रेडिट एजेंसियाँ ग्राहक का 'क्रेडिट चेक' करती हैं; इससे यह पता चलता है कि ग्राहक की 'क्रेडिट वर्थिनेस' (लोन चुकाने की क्षमता) कितनी है। बैंक ग्राहक से कुछ और दस्तावेज़ भी माँग सकता है—जैसे कि सैलरी स्लिप—ताकि यह अंदाज़ा लगाया जा सके कि ग्राहक लोन की कितनी रकम आसानी से चुका पाएगा। बैंक लोन पर जो ब्याज लगता है, उसकी दर (rate) या तो 'फिक्स्ड' (तय) हो सकती है, या फिर 'वेरिएबल' (बदलने वाली) हो सकती है। अगर कोई ग्राहक लोन को समय से पहले ही बंद (close) करना चाहता है, तो उस पर कुछ 'पेनल्टी' (जुर्माना) लग सकता है; इस बारे में भी लोन के नियमों में शर्तें लिखी होती हैं। इसके अलावा, अगर आप लोन की किश्तें नियमित रूप से नहीं चुकाते हैं, तो आपकी 'क्रेडिट रेटिंग' पर बुरा असर पड़ सकता है।

6.3 क्रेडिट कार्ड

बैंकों समेत कई कंपनियाँ क्रेडिट कार्ड की सुविधा देती हैं। इन कार्डों का इस्तेमाल कई अलग-अलग कामों के लिए किया जा सकता है—जैसे कि पेट्रोल पंप से ईंधन खरीदना, या किसी दुकान से (या फिर किसी ऑनलाइन ई-कॉमर्स पोर्टल से) इलेक्ट्रॉनिक्स या कपड़े जैसी चीज़ें खरीदना। क्रेडिट कार्ड पर कार्ड होल्डर का नाम, CVC कोड, कार्ड नंबर और बैंक का नाम लिखा होता है, और आमतौर पर इसमें एक मशीन-रीडेबल चिप लगी होती है। कुछ बैंक कार्ड के लिए हर साल एक तय रकम चार्ज करते हैं, जबकि कुछ इसे मुफ़्त में देते हैं। क्रेडिट पर लगने वाला ब्याज़ दर हर कार्ड के हिसाब से अलग-अलग हो सकता है। कुछ खास तरह के कार्ड का इस्तेमाल खास कामों के लिए करने पर, उनके साथ कुछ खास ऑफ़र या पॉइंट्स भी मिल सकते हैं। उदाहरण के लिए, अगर आप Amazon.com से कुछ खरीदने के लिए क्रेडिट कार्ड का इस्तेमाल करते हैं, तो कोई स्टोर आपको कुछ पॉइंट्स दे सकता है।

क्रेडिट कार्ड कंपनियाँ आमतौर पर हर महीने एक स्टेटमेंट भेजती हैं, जिसमें बताया जाता है कि आपने कितने पैसे खर्च किए हैं और उस महीने आपको कम-से-कम कितनी रकम चुकानी है। अगर ग्राहक कम-से-कम तय रकम नहीं चुकाता है, तो उसकी क्रेडिट रेटिंग पर बुरा असर पड़ सकता है और उस पर एक्स्ट्रा जुर्माना भी लगाया जा सकता है।

क्रेडिट कार्ड ग्राहकों के लिए अपने हर महीने के बिल चुकाने का एक आसान तरीका है। अक्सर इनमें पैसे चुकाने के ऐसे विकल्प होते हैं, जिनकी मदद से आप किसी बड़ी खरीदारी (जैसे फ़्रिज या Apple iPhone) के लिए लिए गए बड़े कर्ज़ को आसान मासिक किस्तों में चुका सकते हैं। हालाँकि, क्रेडिट कार्ड पर ब्याज़ दर काफ़ी ज़्यादा हो सकती है; इसलिए, ब्याज़ के तौर पर एक बड़ी रकम चुकाने से बचने के लिए, हर महीने क्रेडिट कार्ड पर कम-से-कम तय रकम से ज़्यादा पैसे चुकाना ही समझदारी है।

अध्याय 7: शादी का पंजीकरण कैसे करें: विवाह का कानून

विवाह को पंजीकृत करने के लिए, हमें हिंदू विवाह अधिनियम या विशेष विवाह अधिनियम के अनुसार वैध विवाह की शर्तों का पालन करना होगा और रजिस्ट्रार के पास एक आवेदन दायर करना होगा।

7.1 भारत में विवाह से संबंधित कानून

भारत में विवाह से संबंधित मुख्य कानून इस प्रकार हैं:

हिंदू विवाह अधिनियम 1955: हिंदू विवाह अधिनियम 1955 हिंदू रीति-रिवाजों के अनुसार हिंदू पुरुष और महिला के बीच विवाह को नियंत्रित करता है। इस परिभाषा में सिख, जैन और बौद्ध भी शामिल हैं।

विशेष विवाह अधिनियम 1954: विशेष विवाह अधिनियम 1954 भारत के किन्हीं दो नागरिकों के बीच विवाह को कवर करता है, चाहे उनका धर्म कुछ भी हो और अंतर्धार्मिक विवाह भी शामिल हैं। यह विवाह के लिए कोई विशेष संस्कार निर्दिष्ट नहीं करता है।

हिंदू विवाह अधिनियम के अनुसार वैध विवाह की शर्तें इस प्रकार हैं:

- वर और वधू की कानूनी न्यूनतम आयु (दूल्हे के लिए 21 वर्ष और दुल्हन के लिए 18 वर्ष) से अधिक होनी चाहिए।
- विवाह को किसी भी पक्ष के प्रथागत संस्कारों और समारोहों के अनुसार संपन्न किया जाना चाहिए और जहां ऐसे संस्कारों और समारोहों में "सप्तपदी" (पवित्र अग्नि से पहले दूल्हा और दुल्हन

द्वारा एक साथ सात कदम उठाना) शामिल है, उस आवश्यकता को अवश्य देखा जाना चाहिए।

- विवाह के समय किसी भी पक्ष का किसी अन्य व्यक्ति से वैध विवाह नहीं होना चाहिए।
- पार्टियों को, उम्र और मानसिक क्षमता के संबंध में, उनके बीच विवाह करने के लिए सक्षम होना चाहिए।
- पार्टियों को निषिद्ध रिश्ते की डिग्री या "सपिंडा" रिश्ते के कारण एक दूसरे से शादी करने से वंचित नहीं किया जाना चाहिए। इसमें शामिल है, उदाहरण के लिए, चचेरे भाई बहन के बीच विवाह।

यदि उपरोक्त में से कोई भी शर्त पूरी नहीं होती है, तो विवाह को अमान्य घोषित किया जा सकता है।

कुछ अतिरिक्त शर्तें हैं जो विवाह को अमान्य कर देती हैं:

- किसी भी दल की नपुंसकता
- विवाह के समय किसी भी पक्ष की मानसिक अक्षमता
- कि किसी भी पक्ष या अभिभावक की सहमति बलपूर्वक या धोखाधड़ी से प्राप्त की गई थी
- शादी के समय दुल्हन दूल्हे के अलावा किसी अन्य व्यक्ति से गर्भवती थी और दूल्हा शादी के समय इस तथ्य से अनभिज्ञ था

7.2 विवाह का पंजीकरण

विवाह के पंजीकरण के लिए, उपरोक्त अधिनियमों के अनुसार, पार्टियों को अपने शहर में रजिस्ट्रार से शादी के निमंत्रण कार्ड, शादी की फोटो,

आईडी और दोनों पक्षों के पते के प्रमाण और एक भरे हुए आवेदन पत्र सहित आवश्यक दस्तावेजों के साथ संपर्क करना होगा।

पार्टियों की उपस्थिति में रजिस्ट्रार द्वारा सभी दस्तावेजों का सत्यापन करने के बाद, वह विवाह पंजीकरण प्रमाण पत्र जारी करता है।

अध्याय 8: क्या होगा अगर मुझे मेरी नौकरी से अनुचित तरीके से निकाल दिया गया: श्रम कानून

यदि किसी कर्मचारी को गलत तरीके से नौकरी से निकाल दिया जाता है, तो वे राज्य के श्रम आयुक्त या सहायक श्रम आयुक्त के पास शिकायत दर्ज करा सकते हैं। कोई अपने नियोक्ता के खिलाफ अदालत में मुकदमा भी दायर कर सकता है। अन्यायपूर्ण फायरिंग श्रम कानूनों के अंतर्गत आती है।

8.1 श्रम कानून क्या हैं

श्रम कानून रोजगार की शुरुआत, काम की शर्तों, औद्योगिक कार्रवाई या हड़ताल, यूनियनों के साथ-साथ रोजगार से बर्खास्तगी की शर्तों को नियंत्रित करते हैं।

भारत में मुख्य श्रम कानूनों में निम्नलिखित शामिल हैं:

- औद्योगिक विवाद अधिनियम, 1947
- कामगार मुआवजा अधिनियम, 1923
- राज्य की दुकान और प्रतिष्ठान अधिनियम

हाल ही में, भारत सरकार श्रम कानूनों को सरल बनाने के लिए कोड का एक नया सेट लेकर आई है, हालाँकि अभी तक तारीखों को अधिसूचित नहीं किया गया है। (अद्यतन: 2025 तक इन संहिताओं को अभी पूरी तरह

लागू नहीं किया गया है क्योंकि अनेक राज्यों के नियम अभी भी अधिसूचित होने बाकी हैं।) ये निम्नलिखित हैं:

- वेतन संहिता, 2019 (Code of Wages)
- औद्योगिक संबंध संहिता, 2020 (Industrial Relations Code)
- व्यावसायिक सुरक्षा, स्वास्थ्य और काम करने की स्थिति कोड 2020 (Occupational Safety, Health and Working Conditions Code)
- सामाजिक सुरक्षा पर संहिता, 2020 (Code on Social Security)

8.2 अनुचित बर्खास्तगी

अनुचित बर्खास्तगी या रोजगार की समाप्ति वह है जहां एक नियोक्ता एक मजबूत और वैध कारण बताए बिना किसी कर्मचारी के रोजगार को समाप्त कर देता है।

औद्योगिक संबंध संहिता 2020 के अनुसार अनुशासनात्मक कार्रवाई के अलावा किसी अन्य कारण से रोजगार की समाप्ति छंटनी के अंतर्गत आती है।

इसके लिए नियोक्ता की ओर से एक महीने की लिखित नोटिस अवधि के साथ-साथ उस नियोक्ता के साथ सक्रिय सेवा के प्रत्येक वर्ष के लिए मुआवजे के रूप में औसत वेतन के 15 दिनों की आवश्यकता होती है।

कुछ नियोक्ता, मुआवजे और अन्य कानूनी कदमों का भुगतान करने से बचने के लिए, कर्मचारियों को इस्तीफा देने के लिए मजबूर करने का प्रयास करते हैं। हालांकि, श्रम कानूनों के अनुसार जबरन इस्तीफा मान्य नहीं है। यदि कई कर्मचारियों को इस्तीफा देने के लिए मजबूर किया गया है, तो कर्मचारियों का समूह एक साथ श्रम आयुक्त से संपर्क कर सकता

है। वे सहायता और सलाह के लिए श्रमिक संघों से भी संपर्क कर सकते हैं, यदि वे मौजूद हैं। वे कोर्ट का दरवाजा भी खटखटा सकते हैं।

इसके अलावा, अगर कर्मचारी को लगता है कि काम से उनकी समाप्ति में उनके साथ भेदभाव किया गया है, तो वे भेदभाव के मुआवजे के लिए भी अदालतों का दरवाजा खटखटा सकते हैं।

MINISTRY OF LAW AND JUSTICE
(Legislative Department)

New Delhi, the 29th September, 2020/Asvina 7, 1942 (Saka)

The following Act of Parliament received the assent of the President on the 28th September, 2020 and is hereby published for general information:—

THE INDUSTRIAL RELATIONS CODE, 2020

No. 35 of 2020

[*28th September*, 2020.]

An Act to consolidate and amend the laws relating to Trade Unions, conditions of employment in industrial establishment or undertaking, investigation and settlement of industrial disputes and for matters connected therewith or incidental thereto.

Be it enacted by Parliament in the Seventy-first Year of the Republic of India as follows:—

CHAPTER I

PRELIMINARY

1. (*1*) This Act may be called the Industrial Relations Code, 2020.

(*2*) It shall extend to the whole of India.

(*3*) It shall come into force on such date as the Central Government may, by notification in the Official Gazette appoint; and different dates may be appointed for different provisions of this Code and any reference in any such provision to the commencement of this Code shall be construed as a reference to the coming into force of that provision.

चित्र: औद्योगिक संबंध संहिता 2020 का पहला पृष्ठ

8.3 औद्योगिक संबंध संहिता 2020

औद्योगिक संबंध संहिता कोड छंटनी से संबंधित निम्नलिखित प्रावधानों को बताता है:

"छंटनी" का अर्थ है किसी कर्मचारी की सेवा के नियोक्ता द्वारा किसी भी कारण से समाप्ति, अनुशासनात्मक कार्रवाई के माध्यम से दी गई सजा के अलावा

किसी भी उद्योग में नियोजित कोई भी कर्मचारी जो किसी नियोक्ता के अधीन एक वर्ष से कम समय तक निरंतर सेवा में रहा हो, उस नियोक्ता द्वारा तब तक छंटनी नहीं की जाएगी जब तक कि-

(a) कर्मचारी को लिखित में एक महीने का नोटिस दिया गया है जिसमें छंटनी के कारणों का संकेत दिया गया है और नोटिस की अवधि समाप्त हो गई है, या कर्मचारी को इस तरह के नोटिस के बदले नोटिस की अवधि के लिए मजदूरी का भुगतान किया गया है;

(b) कर्मचारी को छंटनी के समय, मुआवजे का भुगतान किया गया है, जो लगातार सेवा के प्रत्येक पूर्ण वर्ष या छह महीने से अधिक के किसी भी हिस्से के लिए पंद्रह दिनों के औसत वेतन के बराबर होगा; तथा

67. जब भी एक कर्मचारी (बदली कार्यकर्ता या एक आकस्मिक कार्यकर्ता के अलावा) जिसका नाम किसी औद्योगिक प्रतिष्ठान के मस्टर रोल में है और जिसने कम से कम एक वर्ष की निरंतर सेवा पूरी कर ली है, को रोजगार से हटा दिया जाता है, तो उसे भुगतान किया जाएगा नियोक्ता को सभी दिनों के लिए, जिसके दौरान उसे इस तरह से रखा गया है, मुआवजा जो मूल मजदूरी और महंगाई भत्ते के कुल के पचास प्रतिशत के बराबर होगा।

अध्याय 9: यदि कोई मेरी बदनामी करने की कोशिश करे: मानहानि का कानून

इस अध्याय में हम भारत में मानहानि के कानून पर चर्चा करते हैं। यदि कोई व्यक्ति हमारे बारे में मानहानिकारक या निंदनीय बयान देता है, तो हम अपनी प्रतिष्ठा की रक्षा के लिए इस कानून का उपयोग कर सकते हैं।

9.1 मानहानि क्या है?

मानहानिकारक बयान या मानहानि वह है जो किसी व्यक्ति की प्रतिष्ठा को नुकसान पहुंचाता है, उन्हें घृणा, अपमान या उपहास का पात्र बनाता है, या समाज के सदस्यों के उस व्यक्ति के प्रति सम्मान को कम करता है। यह लिखित या मौखिक रूप में हो सकता है।

भारतीय संविधान का अनुच्छेद 19(1) बोलने की स्वतंत्रता की रक्षा करता है। हालाँकि, यह अधिकार मानहानिकारक बयानों के मामले में प्रतिबंधों के अधीन है।

9.2 मानहानि के प्रकार

मानहानि दो प्रकार की होती है:

लिखित मानहानि (Libel): यह किसी स्थायी रूप में मानहानिकारक बयान का प्रकाशन है, जैसे समाचार पत्र में लेख लिखना या सोशल मीडिया पर साझा करना।

मौखिक मानहानि (Slander): यह बोले गए शब्दों जैसे अस्थायी और क्षणिक रूप में मानहानिकारक बयान का प्रकाशन है।

भारत में दोनों प्रकार की मानहानि आपराधिक अपराध हैं।

9.3 मानहानि साबित करने की शर्तें

अदालत में मानहानि साबित करने के लिए निम्नलिखित शर्तें आवश्यक हैं: मानहानिकारक बयान किया गया हो; वह बयान किसी व्यक्ति या व्यक्तियों के विशिष्ट समूह के बारे में हो; बयान मौखिक या लिखित रूप में प्रकाशित हो और किसी तीसरे व्यक्ति तक पहुंचे; बयान की प्रकृति मानहानिकारक हो; बयान असत्य हो; और बयान दुर्भावनापूर्ण इरादे से दिया गया हो।

9.4 आईपीसी/भारतीय न्याय संहिता की धाराएँ

आपराधिक कानून के तहत, मानहानि भारतीय दंड संहिता (आईपीसी) की धारा 499 और 500 के अंतर्गत आती है। 1 जुलाई 2024 से लागू भारतीय न्याय संहिता (BNS) में यह धारा 356 के अंतर्गत है। जानबूझकर की गई मानहानि दो वर्ष तक के साधारण कारावास, जुर्माने या दोनों से दंडनीय है।

9.5 निष्कर्ष

मानहानि कानून व्यक्तियों को उनकी प्रतिष्ठा को नुकसान पहुंचाने वाले झूठे बयानों से सुरक्षित करते हैं। अगले अध्याय में हम न्यायालय में झूठे बयान देने के कानून — मिथ्या साक्ष्य के बारे में चर्चा करेंगे।

अध्याय 10: यदि कोई न्यायालय में झूठा बयान दे: मिथ्या साक्ष्य का कानून

10.1 मिथ्या साक्ष्य की परिभाषा

मिथ्या साक्ष्य वह अपराध है जिसमें कोई व्यक्ति जानबूझकर न्यायालय को झूठा बयान देता है, या शपथ के तहत झूठा बयान देता है, चाहे वह मौखिक हो या एफिडेविट में लिखित। न्याय व्यवस्था गवाहों की गवाही पर निर्भर करती है, इसलिए झूठी गवाही न्याय को कमजोर करती है।

10.2 भारतीय कानून में मिथ्या साक्ष्य

भारतीय दंड संहिता (IPC) की धारा 191 के तहत झूठे साक्ष्य देना अपराध है। धारा 193 के तहत दंड का प्रावधान है — न्यायिक कार्यवाही में जानबूझकर झूठा साक्ष्य देने पर सात वर्ष तक का कारावास और जुर्माना, तथा अन्य मामलों में तीन वर्ष तक का कारावास और जुर्माना।

1 जुलाई 2024 से लागू भारतीय न्याय संहिता (BNS) और भारतीय नागरिक सुरक्षा संहिता (BNSS) में इन प्रावधानों के समकक्ष धाराएँ उपलब्ध हैं।

10.3 निष्कर्ष

मिथ्या साक्ष्य के कानून न्याय व्यवस्था की अखंडता सुनिश्चित करते हैं। अगले अध्याय में हम सूचना के अधिकार (RTI) के बारे में चर्चा करेंगे।

अध्याय 11: पारदर्शिता: सूचना का अधिकार कानून

भारत के प्रत्येक नागरिक को केंद्र और राज्य स्तर पर किसी भी सरकारी विभाग के डेटा के बारे में सरकार से पूछने का अधिकार है। इसे RTI या सूचना का अधिकार कहते हैं।

11.1 RTI अधिनियम का परिचय

सूचना का अधिकार (RTI) विधेयक 2005 में भारतीय संसद में पारित हुआ। यह रक्षा जैसे कुछ अपवादों को छोड़कर अधिकांश सार्वजनिक कार्यालयों पर लागू होता है। नागरिक किसी भी सरकारी विभाग से संबंधित जानकारी के लिए अनुरोध कर सकते हैं और विभाग को आमतौर पर 30 दिनों के भीतर जवाब देना होता है।

न्यायपालिका, राजनीतिक दल और निजी कार्यालय इस अधिनियम के अंतर्गत नहीं आते। राष्ट्रीय सुरक्षा, व्यापार रहस्य या व्यक्ति के जीवन और स्वतंत्रता से संबंधित जानकारी देने से मना किया जा सकता है।

11.2 RTI दाखिल करने की प्रक्रिया

RTI दाखिल करने की प्रक्रिया इस प्रकार है: नागरिक संबंधित केंद्र या राज्य सरकारी विभाग को ऑनलाइन या डाक द्वारा RTI अनुरोध दाखिल करता है और आवश्यक शुल्क (₹10 नाममात्र शुल्क) का भुगतान करता है। सूचना अधिकारी को अनुरोध 30 दिनों के भीतर उत्तर देना होता है। यदि उत्तर असंतोषजनक हो तो नागरिक अपील दाखिल कर सकता है।

11.3 RTI ऑनलाइन कैसे दाखिल करें

केंद्र सरकार का RTI पोर्टल है: https://www.rtionline.gov.in/। अनेक तृतीय पक्ष टूल और वेबसाइटें भी उपलब्ध हैं जो छोटे शुल्क पर RTI अनुरोध भरने में सहायता करती हैं।

11.4 निष्कर्ष

RTI कानून सरकारी पारदर्शिता और जवाबदेही को बढ़ावा देता है। अगले अध्याय में हम FIR दाखिल करने और पुलिस से व्यवहार के बारे में चर्चा करेंगे।

अध्याय 12: FIR कैसे दाखिल करें और पुलिस से कैसे व्यवहार करें

12.1 FIR क्या है?

FIR (प्रथम सूचना रिपोर्ट) एक आधिकारिक दस्तावेज है जिसे पुलिस किसी संज्ञेय अपराध (जैसे चोरी, मारपीट, धोखाधड़ी) की जानकारी मिलने पर दर्ज करती है। FIR दर्ज होने के बाद पुलिस को मामले की जांच करनी होती है। महत्वपूर्ण: FIR दाखिल करने के लिए वकील की आवश्यकता नहीं है। यह आपका कानूनी अधिकार है।

12.2 FIR दाखिल करने की चरण-दर-चरण मार्गदर्शिका

चरण 1: पुलिस थाने जाएं। अपराध जहाँ हुआ उस क्षेत्राधिकार के नजदीकी थाने में जाएं और ड्यूटी अधिकारी से मिलें।

चरण 2: अपना बयान स्पष्ट रूप से दें। घटना की तारीख, समय, स्थान और विवरण बताएं। साक्षियों के नाम और संपर्क विवरण दें। उपलब्ध हो तो सहायक दस्तावेज, फोटो या CCTV फुटेज प्रदान करें।

चरण 3: FIR की प्रति माँगें। FIR पर हस्ताक्षर करने से पहले ध्यान से पढ़ें। FIR की निःशुल्क प्रति माँगें (CrPC की धारा 154(2) / BNSS की धारा 173 के तहत)।

12.3 यदि पुलिस FIR दर्ज करने से इनकार करे

यदि पुलिस FIR दर्ज करने से मना करे तो: जिले के पुलिस अधीक्षक (SP) को लिखित शिकायत दें; राज्य पुलिस वेबसाइट पर ऑनलाइन FIR दाखिल करें; CrPC की धारा 156(3) (अब BNSS) के तहत नजदीकी मजिस्ट्रेट की अदालत जाएं।

12.4 पुलिस के साथ व्यवहार में आपके अधिकार

आपके अधिकार हैं: बिना पुलिस उत्पीड़न के निःशुल्क FIR दाखिल करना; FIR की तत्काल प्रति प्राप्त करना; किसी भी भाषा में FIR दाखिल करना। आपको नहीं करना है: FIR दर्ज कराने के लिए रिश्वत देना; कोई भी खाली कागज पर हस्ताक्षर करना।

12.5 आपातकालीन संपर्क

राष्ट्रीय पुलिस हेल्पलाइन: 100 | महिला हेल्पलाइन: 1091 | साइबर अपराध हेल्पलाइन: 1930 | निःशुल्क कानूनी सहायता (NALSA): 15100

12.6 निष्कर्ष

FIR दाखिल करना जानना समय पर कानूनी कार्रवाई और पुलिस हस्तक्षेप सुनिश्चित करता है। अगले अध्याय में हम यातायात नियमों और चालान के बारे में चर्चा करेंगे।

अध्याय 13: यातायात नियमों और चालान से संबंधित कानून

यातायात कानून सभी को प्रभावित करते हैं — चाहे आप गाड़ी चला रहे हों, बाइक चला रहे हों, या सड़क पर चल रहे हों।

13.1 चालान और जुर्माने को समझना

चालान यातायात नियम उल्लंघन के लिए यातायात पुलिस द्वारा जारी किया जाने वाला जुर्माना है। दो प्रकार के चालान होते हैं: मैनुअल चालान — यातायात अधिकारी द्वारा शारीरिक रूप से जारी किया गया; ई-चालान — CCTV फुटेज या स्वचालित यातायात निगरानी के माध्यम से डिजिटल रूप से उत्पन्न।

13.2 मोटर वाहन अधिनियम 2019 के तहत प्रमुख नियम

मोटर वाहन (संशोधन) अधिनियम 2019 ने जुर्माने में काफी वृद्धि की है। प्रमुख उल्लंघनों में शामिल हैं: बिना हेलमेट के — ₹1,000 तक; बिना सीट बेल्ट के — ₹1,000 तक; शराब पीकर गाड़ी चलाना — ₹10,000 तक और/या कारावास; लाल बत्ती तोड़ना — ₹5,000 तक; ओवरस्पीडिंग — ₹5,000 तक; बिना बीमा के — ₹2,000; बिना लाइसेंस के — ₹5,000।

13.3 ऑनलाइन ई-चालान कैसे चेक और भुगतान करें

ई-चालान पोर्टल: https://echallan.parivahan.gov.in/ पर जाएं। अपना वाहन नंबर या चालान नंबर दर्ज करें। लंबित चालान देखें और ऑनलाइन भुगतान करें। हमेशा रसीद सहेजें।

13.4 अनुचित चालान को चुनौती कैसे दें

यदि आपको लगता है कि चालान अनुचित है: संबंधित यातायात पुलिस कार्यालय जाएं और चालान के विरुद्ध आपत्ति दर्ज करें; दस्तावेजी साक्ष्य जैसे फोटो, CCTV फुटेज प्रस्तुत करें; ऑनलाइन पोर्टल पर भी आपत्ति दाखिल की जा सकती है।

13.5 निष्कर्ष

यातायात कानून सड़कों पर व्यवस्था बनाए रखते हैं। अगले अध्याय में हम साइबर अपराध के कानूनों पर चर्चा करेंगे।

अध्याय 14: साइबर अपराध और ऑनलाइन धोखाधड़ी से संबंधित कानून

14.1 सामान्य ऑनलाइन धोखाधड़ी और उनसे बचाव

बैंकिंग और UPI धोखाधड़ी: नकली कॉल जो आपके बैंक की ओर से होने का दावा करती हैं और OTP या CVV मांगती हैं। क्या करें: कभी भी OTP, UPI PIN या पासवर्ड साझा न करें।

नौकरी और ऋण घोटाले: 'Google में नौकरी पाएं! ₹50,000 प्रशिक्षण के लिए दें' जैसे संदेश। क्या करें: LinkedIn या आधिकारिक वेबसाइटों पर कंपनियों की जांच करें।

डिजिटल गिरफ्तारी घोटाला: एक रिकॉर्डेड कॉल से शुरू होता है कि आपका पार्सल कस्टम में अटका है। फिर कोई पुलिस अधिकारी बनकर 'डिजिटल गिरफ्तारी' का दावा करता है और पैसे ट्रांसफर करने को कहता है। क्या करें: डिजिटल गिरफ्तारी घोटाले के लिए कभी न गिरें। पैसे ट्रांसफर न करें। तुरंत पुलिस और साइबर अपराध सेल को रिपोर्ट करें।

14.2 साइबर अपराध शिकायत कैसे दाखिल करें

चरण 1: साक्ष्य एकत्र करें — संदेशों के स्क्रीनशॉट, ईमेल, लेनदेन विवरण।

चरण 2: ऑनलाइन शिकायत दाखिल करें — www.cybercrime.gov.in पर जाएं।

चरण 3: पुलिस को रिपोर्ट करें — नजदीकी थाने में लिखित शिकायत दें।

चरण 4: अपने बैंक से संपर्क करें — धोखाधड़ी के 24 घंटे के भीतर बैंक की धोखाधड़ी हेल्पलाइन पर कॉल करें।

14.3 साइबर कानूनों के तहत आपके अधिकार

भारत का सूचना प्रौद्योगिकी अधिनियम, 2000 विभिन्न ऑनलाइन अपराधों को कवर करता है: धारा 66 — हैकिंग (₹5 लाख जुर्माना और जेल); धारा 66C — पहचान की चोरी (3 वर्ष जेल + जुर्माना); धारा 66D — ऑनलाइन धोखाधड़ी (3 वर्ष जेल + ₹1 लाख जुर्माना); धारा 67 — अश्लील सामग्री प्रकाशित करना।

14.4 डिजिटल व्यक्तिगत डेटा संरक्षण अधिनियम 2023

भारत ने अगस्त 2023 में अपना पहला व्यापक डेटा सुरक्षा कानून — डिजिटल व्यक्तिगत डेटा संरक्षण अधिनियम, 2023 (DPDPA) — लागू किया। नवंबर 2025 में भारतीय डेटा संरक्षण बोर्ड की स्थापना हुई।

नागरिकों के प्रमुख अधिकार: जानने का अधिकार — आपका डेटा कैसे उपयोग हो रहा है; सुधार और हटाने का अधिकार; सहमति वापस लेने का अधिकार; शिकायत निवारण का अधिकार। गैर-अनुपालन पर ₹250 करोड़ तक का जुर्माना लग सकता है।

14.5 आपातकालीन साइबर अपराध हेल्पलाइन

साइबर अपराध हेल्पलाइन: 1930 (24x7) | राष्ट्रीय पुलिस हेल्पलाइन: 100 | महिला साइबर सुरक्षा हेल्पलाइन: 1091 | बैंक धोखाधड़ी हेल्पलाइन (RBI DigiSaathi): 14431

14.6 निष्कर्ष

साइबर कानून व्यक्तियों को ऑनलाइन धोखाधड़ी, पहचान की चोरी और डेटा उल्लंघन से बचाते हैं। अगले अध्याय में हम उपभोक्ता अधिकारों पर चर्चा करेंगे।

अध्याय 15: उपभोक्ता अधिकार और ई-कॉमर्स कानून

15.1 भारत में उपभोक्ता संरक्षण कानून

आपके उपभोक्ता अधिकार इन कानूनों के तहत सुरक्षित हैं: उपभोक्ता संरक्षण अधिनियम, 2019 — धनवापसी, दोषपूर्ण उत्पाद, अनुचित व्यापार प्रथाओं को कवर करता है; कानूनी मेट्रोलॉजी अधिनियम, 2009 — सही वजन, मूल्य निर्धारण और लेबलिंग सुनिश्चित करता है; FSSAI विनियम — खाद्य सुरक्षा और स्वच्छता सुनिश्चित करता है।

15.2 आपके मूल उपभोक्ता अधिकार

सुरक्षा का अधिकार — आप जो उत्पाद खरीदते हैं वह आपको नुकसान नहीं पहुंचाना चाहिए; सूचना का अधिकार — आपको पूरा उत्पाद विवरण मिलना चाहिए; सुने जाने का अधिकार — आप शिकायत दर्ज कर सकते हैं; मुआवजा पाने का अधिकार — दोषपूर्ण सामान के लिए धनवापसी या प्रतिस्थापन मांग सकते हैं।

15.3 उपभोक्ता शिकायत कैसे दाखिल करें

चरण 1: विक्रेता/सेवा प्रदाता से संपर्क करें।

चरण 2: राष्ट्रीय उपभोक्ता हेल्पलाइन (NCH) पर शिकायत दाखिल करें — 1800-11-4000 या www.consumerhelpline.gov.in।

चरण 3: यदि आवश्यक हो तो उपभोक्ता न्यायालय में मामला दाखिल करें।

उपभोक्ता न्यायालयों के स्तर: जिला आयोग — ₹1 करोड़ तक के दावों के लिए; राज्य आयोग — ₹1 करोड़ से ₹10 करोड़ तक; राष्ट्रीय आयोग — ₹10 करोड़ से अधिक।

15.4 निष्कर्ष

उपभोक्ता कानून व्यक्तियों को धोखेबाज विक्रेताओं और दोषपूर्ण उत्पादों से बचाते हैं। अगले अध्याय में हम घरेलू हिंसा और संरक्षण कानूनों पर चर्चा करेंगे।

अध्याय 16: घरेलू हिंसा और संरक्षण कानून

16.1 घरेलू हिंसा क्या है?

घरेलू हिंसा में शारीरिक, यौन, भावनात्मक, मौखिक और आर्थिक शोषण शामिल हैं। यह पति-पत्नी, माता-पिता, बच्चों या घर में रहने वाले किसी भी व्यक्ति द्वारा किया जा सकता है।

16.2 घरेलू हिंसा से महिलाओं का संरक्षण अधिनियम 2005 (PWDVA)

यह अधिनियम महिलाओं को घरेलू हिंसा के खिलाफ व्यापक सुरक्षा प्रदान करता है। इसके तहत पीड़िता को संरक्षण आदेश, निवास आदेश और भरण-पोषण का अधिकार मिलता है।

16.3 अन्य संबंधित कानून

IPC धारा 498A (BNS की धारा 85) — विवाहित महिलाओं के प्रति क्रूरता को अपराध मानती है। IPC धारा 323 (BNS की धारा 115) — शारीरिक हमले पर लागू। IPC धारा 506 (BNS की धारा 351) — धमकी या मानसिक उत्पीड़न पर लागू। CrPC धारा 125 (BNSS की धारा 144) — यदि जीवनसाथी आर्थिक सहायता से वंचित करे।

16.4 घरेलू हिंसा की शिकायत कैसे दर्ज करें

चरण 1: सबूत इकट्ठा करें — चोटों की तस्वीरें, चिकित्सा रिपोर्ट, साक्षी। चरण 2: नजदीकी थाने या महिला सेल जाएं और PWDVA 2005 या IPC 498A के तहत मामला दर्ज कराएं। चरण 3: संरक्षण अधिकारी से सहायता लें — हर जिले में नियुक्त होते हैं।

16.5 आपातकालीन संपर्क

महिला हेल्पलाइन: 1091 | राष्ट्रीय महिला आयोग: 7827170170 | पुलिस: 100 | घरेलू हिंसा हेल्पलाइन: 181

16.6 निष्कर्ष

घरेलू हिंसा से सुरक्षा के कानून पीड़ितों को न्याय और सुरक्षा दिलाते हैं। अगले अध्याय में हम दीवानी अदालत की कार्यवाही के चरणों के बारे में चर्चा करेंगे।

अध्याय 17: भारत में दीवानी अदालत के मामले के चरण

17.1 दीवानी मुकदमे का परिचय

दीवानी मुकदमा तब दाखिल किया जाता है जब किसी व्यक्ति या संस्था के साथ कानूनी विवाद हो और आपराधिक मामला न हो। उदाहरण के लिए संपत्ति विवाद, अनुबंध भंग, या मानहानि।

17.2 दीवानी मुकदमे के मुख्य चरण

1. वाद दाखिल करना (Plaint): न्यायालय में वाद पत्र दाखिल किया जाता है जिसमें दावे का विवरण होता है।

2. नोटिस: न्यायालय प्रतिवादी को नोटिस भेजता है।

3. लिखित कथन: प्रतिवादी अपना पक्ष प्रस्तुत करता है।

4. साक्ष्य: दोनों पक्ष साक्ष्य और गवाह प्रस्तुत करते हैं।

5. बहस: दोनों पक्षों के वकील अपने-अपने पक्ष में तर्क देते हैं।

6. निर्णय: न्यायाधीश फैसला सुनाते हैं।

7. अपील: असंतुष्ट पक्ष उच्च न्यायालय में अपील कर सकता है।

17.3 निष्कर्ष

दीवानी अदालती कार्यवाही को समझना न्यायालय में अपने अधिकारों की रक्षा के लिए आवश्यक है। अगले अध्याय में हम कानूनी सलाह के लिए वेबसाइटों और ऐप्स के बारे में चर्चा करेंगे।

अध्याय 18: कानूनी सलाह के लिए वेबसाइटें और ऐप्स

18.1 उपयोगी कानूनी वेबसाइटें

भारत में कानूनी जानकारी के लिए निम्नलिखित प्रमुख वेबसाइटें उपलब्ध हैं:

indiankanoon.org — सुप्रीम कोर्ट और हाई कोर्ट के निर्णयों का विशाल संग्रह; सटीक कानूनी भाषा में खोज की सुविधा।

lawrato.com — ऑनलाइन वकील परामर्श, मुफ्त और सशुल्क दोनों।

vakilsearch.com — कानूनी दस्तावेज, कंपनी पंजीकरण, और वकील खोजने की सुविधा।

NyayaMitra — सुप्रीम कोर्ट द्वारा विकसित, मुफ्त कानूनी सहायता।

tata.com/legal — टाटा टेली सर्विसेज का कानूनी परामर्श प्लेटफ़ॉर्म।

18.2 उपयोगी सरकारी पोर्टल

NALSA (nalsa.gov.in) — राष्ट्रीय कानूनी सेवा प्राधिकरण; मुफ्त कानूनी सहायता। eCourts (ecourts.gov.in) — अपने मामले की स्थिति ऑनलाइन जांचें। RTI Online (rtionline.gov.in) — सूचना का अधिकार अनुरोध ऑनलाइन दाखिल करें।

18.3 निष्कर्ष

कानूनी वेबसाइटें और ऐप्स हर व्यक्ति तक कानूनी मार्गदर्शन सुलभ बनाते हैं। अगले अध्याय में हम वकीलों से प्रभावी ढंग से व्यवहार के बारे में चर्चा करेंगे।

अध्याय 19: वकीलों से कैसे व्यवहार करें

19.1 वकील लेना या स्वयं मुकदमा लड़ना

वकील नियुक्त करने के फायदे: वकील को अदालती प्रक्रियाओं की जानकारी होती है; वे संपत्ति कानून, परिवार कानून, आपराधिक कानून जैसे क्षेत्रों में अनुभवी हो सकते हैं; जमानत, याचिका दाखिल करने, जवाब देने और जिरह में सहायता करते हैं।

वकील से जुड़ी संभावित समस्याएं: अनुचित क्षेत्र में अनुभवहीन हो सकते हैं; अत्यधिक व्यस्त होने से मामले पर ध्यान न दे पाएं; अत्यधिक शुल्क ले सकते हैं; विपरीत पक्ष से मिले हो सकते हैं।

स्वयं मुकदमा लड़ना (Party in Person): फायदा यह है कि आप स्वयं निर्णय लेते हैं और वकील की समस्याओं से बचते हैं। नुकसान यह है कि प्रक्रियाओं की जानकारी न होना कठिनाई पैदा करती है।

19.2 अच्छा वकील कैसे चुनें

ऐसा वकील चुनें जो: संबंधित क्षेत्र में अनुभवी हो; वर्तमान कानूनी ज्ञान से अपडेट हो; ईमेल और वर्चुअल सुनवाई जैसी तकनीक से सहज हो; आपकी बात सुने और आपके निर्देशानुसार काम करे।

19.3 वकील का प्रबंधन

शुल्क पहले से तय करें। वकील के साथ मैत्रीपूर्ण संबंध बनाएं। वकील को अदालत की तारीखों पर भेजें ताकि आपका समय बचे। यदि आवश्यक हो तो शांतिपूर्वक वकील बदलें।

19.4 वकील बदलना

भारतीय कानून के अनुसार, मौजूदा वकील आपको नया वकील नियुक्त करने से नहीं रोक सकते, भले ही वे 'NOC' न दें। जब चाहें नया वकालतनामा दाखिल कर सकते हैं।

19.5 निष्कर्ष

वकील का सही चुनाव और प्रबंधन मुकदमे के परिणाम को प्रभावित करता है। अंतिम अध्याय में हम इस पुस्तक का निष्कर्ष प्रस्तुत करेंगे।

अध्याय 20: निष्कर्ष

इस पुस्तक में हमने दैनिक जीवन से बीस महत्वपूर्ण क्षेत्रों में लागू होने वाले कानूनों पर चर्चा की है — जैसे विरासत, टोर्ट, अनुबंध, भेदभाव, ऋण, विवाह, श्रम, मानहानि, मिथ्या साक्ष्य, सूचना का अधिकार, FIR दाखिल करना, यातायात नियम, साइबर अपराध, उपभोक्ता अधिकार, घरेलू हिंसा, दीवानी न्यायालय प्रक्रिया और वकीलों से व्यवहार। सभी नागरिकों के लिए यह जानना महत्वपूर्ण है कि कानून उन्हें कैसे प्रभावित करते हैं। 1 जुलाई 2024 से लागू तीन नए आपराधिक कानूनों — भारतीय न्याय संहिता (BNS), भारतीय नागरिक सुरक्षा संहिता (BNSS) और भारतीय साक्ष्य अधिनियम (BSA) — के बारे में जागरूकता भी आज के समय में आवश्यक है।

सभी नागरिकों के लिए यह जानना महत्वपूर्ण है कि कानून उन्हें कैसे प्रभावित करते हैं। कानून के तहत और भारतीय संविधान के तहत अपने अधिकारों की मांग करने का यही एकमात्र समाधान है।

Google जैसे सर्च इंजन और indiankanoon.com जैसी कानूनी वेबसाइटों (जिसमें विभिन्न विषयों से संबंधित उच्च न्यायालयों और सर्वोच्च न्यायालयों के निर्णय होते हैं) और ऐप और वेबसाइट जैसे lawrato.com (जहां कोई वकील से सलाह मांग सकता है) की मदद ले सकता है।

आम जनता द्वारा कानून के बारे में उच्च जागरूकता ही एकमात्र तरीका है जिससे हम एक भ्रष्टाचार मुक्त भारत की शुरुआत कर सकते हैं जो वास्तव में कानून के शासन द्वारा शासित है।

लेखक के बारे में

शिव प्रसाद बोस भारतीय कानूनों के पहलुओं से संबंधित विभिन्न परिचयात्मक गाइडबुक के लेखक हैं। उन्होंने कोलकाता के जादवपुर विश्वविद्यालय से इंजीनियरिंग की डिग्री प्राप्त की और मेरठ विश्वविद्यालय, मेरठ से कानून की डिग्री प्राप्त की। वह उत्तर प्रदेश पावर कॉर्पोरेशन लिमिटेड में कई वर्षों की सेवा के बाद सेवानिवृत्त हुए हैं। उनकी रुचि परिवार कानून, नागरिक कानून, अनुबंधों के कानून और पावर ग्रिड से संबंधित कानून और बिजली राजस्व से संबंधित मुद्दों के क्षेत्र में है।

शिव प्रसाद बोस की अन्य पुस्तकें

वसीयत और प्रोबेट का परिचय: भारतीय कानून के अनुसार

वरिष्ठ नागरिकों से दुर्व्यवहार: और इसे कैसे रोका जाये

पड़ोसियों के साथ समस्याएं: और इनसे कैसे निपटें

अदालती मुकदमों में मानसिक शक्ति बढ़ाएं

परक्राम्य लिखतों का परिचय

विवाह कानूनों का परिचय

पुस्तकों और ई-पुस्तकों को स्वयं प्रकाशित करें

अदालती मामलों में देरी: कारण और समाधान

पेटेंट और पेटेंट कानून का परिचय

संपत्ति कानून का परिचय

टॉर्ट कानून का परिचय

नई दिल्ली में छोटा बंगाल: चित्तरंजन पार्क गाइडबुक

www.ingramcontent.com/pod-product-compliance
Lightning Source LLC
LaVergne TN
LVHW060305051026
849517LV00003B/978